KB195120

10년 후 우리는, AI 로봇을 구독하다!

일상의 미래

10년 후 우리는,
AI 로봇을 구독하다!

박재용 지음

이상
북스

· 들어가며 ·

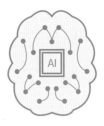

이 책은 지금 10대인 독자를 생각하며 썼습니다. 10년 후 20대인 여러분이 살고 있을 대한민국은 어떤 모습일까를 상상하며 있을 법한 모습을 짧은 소설 형식으로 풀고, 그에 따른 기술적·사회적 현상에 대한 설명을 덧붙이는 형식으로 꾸몄죠.

이야기 주인공은 20대 중반의 택배기사, 김기사입니다. 인공 지능이 탑재된 자율주행 트럭을 타고, 역시 인공지능을 가진 배 달 보조 로봇과 같이 일을 하며, 할머니와 여자 친구 등 주변 다양 한 사람들과 더불어 살면서 여러 가지 일과 마주치게 되죠.

지금과 사뭇 다른 환경이 펼쳐집니다. 불과 10년이지만 21세 기의 10년은 엄청난 사회적 변화를 일으킬 테니까요. 기후위기 의 심화, 지방소멸, 인구감소, 노인인구의 등장, 이주노동자 증가 등 다양한 사회적 변화를 마주한 우리는 어떤 모습일지 궁금했

5

습니다. 또 그런 변화에 어떻게 대응할지도 궁금했지요.

'10년 후 우리는' 어떤 모습일지 그려낸 이 책은 '과학기술의 미래'(《10년 후 우리는, AI와 친구가 될 수 있을까?》)와 '일상의 미래'(《10년 후 우리는, AI 로봇을 구독하다!》) 두 권이 세트입니다. 이야기 흐름상 '과학기술의 미래'가 먼저지만 어느 것을 먼저 읽어도 좋습니다.

한 가지 확실한 것은 어떤 변화가 있든 우리 일상은 지속될 것이란 점입니다. 30년 전 휴대전화도 없고 개인용 컴퓨터도 없던 시기에도 20대의 저는 20대로서의 일상을 살았습니다. 그리고 지금 휴대전화와 개인용 컴퓨터, 태블릿피시, 스마트밴드와 무선 이어폰까지 제 삶 곳곳에 극적 변화가 생겼고, '개발도상국'이었던 대한민국은 세계 10위의 선진국이 되었습니다. 3대가 같이 사는 것이 가장 흔한 가정 형태였는데 이제 1인 가정과 2인 가정이 대세가 되었습니다. 이러한 변화 속에서 50대의 저 또한 가족과 일을 중심으로 일상을 꾸리고 있지요.

물론 기술적·사회적 변화는 일상의 모습을 여러모로 바꾸었습니다. 그러나 변화에 적응하고 때로는 반발하면서도 인간으로서의 일상을 유지하기 위한 우리의 노력은 언제나 변함이 없지요.

여러분이 이 책을 읽고 같이 토론하면서 이미 다가온 미래에 대한 자신의 일상을 어떻게 그릴지 모르겠습니다만, 지금 꿈꾸는 미래를 만드는 데 조그마한 도움이라도 되면 좋겠습니다.

2025년 1월

박재용

차례 >>

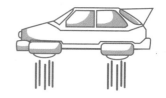

김기사 택배기사로 이름도 김기사다. 부모님을 일찍 여의고 혼자 살고 있음.

트인 김기사가 타고 다니는 택배 트럭의 인공지능. 꽤 똑똑하고 여러 가지를 잘 살피고 김기사가 멍청한 이야기를 할 때 지적도 잘함. 배려심도 깊은데 말투는 삐딱함. 김기사를 '주인'이라고 부르지만 기본적으로 반말을 함.

배보 김기사의 택배 보조 로봇. 김기사뿐만 아니라 모두에게 존댓말하는 걸 기본으로 장착하고 있음. 하지만 인간 사이 미묘한 감정까지 따라잡진 못함.

깜냥 온몸이 까만 털로 뒤덮인 새끼 티를 간신히 벗은 어린 고양이. 트인이 김기사를 타박할 때마다 잘했다는 듯이 냐옹냐옹 소리를 냄.

할머니 김기사의 할머니. 김기사의 유일한 혈육으로 현재 전라남도 강수군 강지면 면사무소 인근 공동주택에서 다른 노인들과 같이 생활하고 있음. 김기사에 대한 애틋한 정이 있음.

정호란 간호조무사. 김기사 여자 친구.

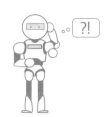

1장

오래된 미래

"야호!"

고속도로 자율주행 전용차로에 들어서자마자 소리를 지르는 트인이다.

"자주전차 정말 오랜만이다."

"자주전차?"

"자율주행 자동차 전용차로."

"아이고 네 맘대로 줄이지 마. 네가 무슨 MZ세대냐?"

"인공지능도 그러고 싶을 때가 있는 법. 여기만 올라타면 기분이 그렇게 좋을 수 없거든. 마치 뭐랄까 거치적거리는 것 하나 없고 신경 쓸 것도 하나 없는 탁 트인 곳에서 맘껏 달리는 느낌이야."

"인간이 운전하는 차가 없어서?"

"그럼, 얼마나 신경 쓰이는데. 오늘 가는 데가 전라남도 강수군 강지면 길동리 길동2길 33번지 강지 공동주택 맞지?"

"응."

"근데 누굴 만나러 가는 거야?"

"할머니."

"오, 할머니? 엄청 먼 곳에 사시네. 그럼 너도 전라도 출신이 야?"

"그건 아니고 어머니 돌아가시고 할머니랑 한 10년 살았어. 군 대 가기 전에."

"그렇군. 왠지 심각한 이야기가 나올 듯 하니 패스. 근데 공동 주택에 사신다고?"

"아, 요샌 면 지역엔 사람이 워낙 없어. 할머니 원래 사시던 마 을도 이제 두 집이나 남았나? 나이 드시고 농사도 그만둔 분들 외 진 곳에 살면 힘들잖아. 그래서 면에서 면사무소 옆에 공동주택 을 지었어. 거기서 같이 살면 서로 말동무도 하고 좋잖아. 거기다 간호사가 있어서 건강 체크도 해주고."

"그런데 다들 별말 않고 공동주택으로 가셨어? 원래 집이 있는 데?"

"사실 할머니도 좀 망설이셨지. 그런데 할머니가 살던 마을이 면 소재지에서도 한참 들어가야 돼. 할머닌 운전도 못하시고 차도 없지. 거기다 몸도 불편하니 혼자선 동네 밖으로 아예 나가시질 못해. 버스도 하루에 서너 번이나 들어오나 싶어. 원래 아침에 노인회관에서 차를 보내서 노인분들 모셔가고 저녁에 다시 모셔오고 그랬지. 그런데 밤에 종종 문제가 생기더라고. 우리 할머니뿐만 아니라 다른 분들도. 화장실에서 변기에 앉다가 쓰러지기도 하고, 침대에서 넘어지기도 하고. 그런 일이 몇 번 생기니 그냥 다들 같이 모여 살자, 우리가 애먼 사람들 고생만 시킨다, 뭐 그리된 거지."

"그럼 공동주택엔 노인분들만 사시겠네?"

"꼭 그런 건 아니야. 외국인도 꽤 돼. 전에 두어 번 가보니까 1동은 노인분들이 계시고 2동에는 이주노동자들이 살더라고."

"이주노동자?"

농사짓는 사람이 부쩍 줄었다. 한두 해 일이 아니고 몇십 년째 이어진 현상이다. 젊은 사람들은 농사지을 생각도 없다. 나도 그렇고. 농사짓는 분들은 나이 든 예전 분들인데, 이제 다들 은퇴할 나이가 되어 논이며 밭이며 놀리는 곳이 절반 넘는다고 한다.

그렇다고 농산물을 다 수입하는 것도 말이 안 되니 정부가 나

섰다. 면마다 농협에서 회사를 만들었다. 할머니 고향에도 강지면 농업공사라는 회사가 생겼다. 회사가 하는 일은 은퇴한 분들 땅을 빌려 대신 농사를 짓는 거다. 하지만 회사를 만든다고 농사지을 사람이 저절로 생기는 건 아니니 외국에서 농업노동자를 들여온다. 주로 동남아시아나 중앙아시아 사람들이다. 회사에서 한국인은 대표와 사무직 네댓 명뿐이고, 실제 농사를 짓는 이들은 모두 이주노동자다. 이들이 사는 숙소로 공동주택 한 동을 통째로 임대하고 있다.

공동주택은 가운데 사무 서비스구역 양쪽으로 두 동이 있는데 한 동에는 은퇴한 강지면 노인들이 살고, 나머지 한 동에는 이주노동자들이 살고 있다. 대부분의 농촌지역 읍이나 면마다 이런 회사들이 들어섰고 이주노동자들이 일하고 있다.

"그럼 거기 강지면 나머지는 다 텅 빈 거야?"

"대충 그렇지 뭐. 할머니 말로는 강지면 사람 중 4분의 3이 길동리에 산다더라고. 면 전체 인구가 800명 조금 안 되는데 그 중 절반이 외국인 노동자고 모두 공동주택에 살고 있으니. 길동리 벗어나면 다 빈 집이야. 군데군데 아직 농사짓는 집이 여남은 집 정도 되고 축사도 몇 군데 있는데, 그거 빼면 뭐 없지."

기사가 연신 하품을 하면서도 트인에게 열심히 설명한다.

"주인, 졸린가봐?"

"어. 어제 택배를 좀 늦게까지 했더니 피곤하네."

"택배는 무슨, 끝나고 호란 씨랑 데이트한다고 피곤한 거지. 그럼 휴게소에 잠깐 들를까?"

거짓말도 못하겠군.

"아냐. 운전은 네가 다 하는데 뭘."

"그래도 안 돼. 운전석에 앉은 사람이 전방주시를 제대로 하는지 다 감시하고 있다고."

"누가?"

"누구긴 내가 하지."

"그럼 네가 좀 봐주면 되겠네."

"안 돼요. 우린 애초에 이런 거 원칙대로 지키라고 세팅되어 있거든. 네가 전방주시를 제대로 못하면 바로 갓길에 세울 수밖에 없어."

평소 말버릇 보면 안 그럴 것 같은데 가차 없군.

"그래 다음 휴게소에 들러서 눈 좀 붙이고 가자."

정안 휴게소에 차를 세우고 기지개를 한 번 핀다. 배도 살짝 출출해서 뭐 먹을 것이 없나 살펴보는데 특산물을 파는 가게가 눈에 띈다. 기사가 좋아하는 밤이다. 밤을 한 봉지 사는데 파는 이가 동남아 사람이다. 이주노동자가 농사만 짓는 건 아닌가보다.

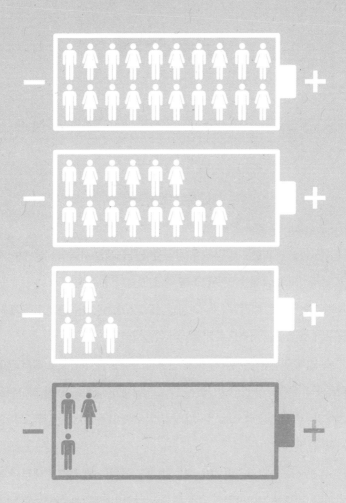

지방소멸

지금, 지방소멸

수도권을 제외한 지방의 경우 광역시나 대도시는 사정이 나은 편이지만 전체적으로 극심한 인구감소를 겪고 있습니다. 특히 도시보다는 읍, 읍보다는 면으로 내려갈수록 더 심합니다. 2023년 기준 전국 115개 시군구가 소멸 위험 지역으로 지정되어 있습니다.

첫 번째 이유는 우리나라 전체 인구감소 때문입니다. 뉴스에서 많이 다루듯이 우리나라 평균출산율은 OECD(경제협력개발기구) 중 최하위로 2023년 이후 지속적으로 인구가 줄고 있으며 이는 2030년대에도 마찬가지일 겁니다.

두 번째로 농업인구의 감소 때문입니다. 읍이나 면 지역은 대부분 농업이나 어업 등 1차 산업이 가장 중요한 산업인데, 다른 산업보다 먼저 고령화가 진행되고 있습니다. 수익이 크지 않고 일은 힘드니 젊은 층이

찾지 않고 기존에 일하던 사람들은 계속 나이가 들기 때문이지요. 2023년 현재 농민 평균연령은 68세입니다. 65세 이상 농민이 절반 조금 넘습니다.

세 번째로 이렇게 인구가 줄면서 지역 교육환경이 열악해지기 때문입니다. 지방의 면은 웬만한 대도시 정도 면적인데 초등학교는 겨우 하나 있고 그마저도 1학년에서 6학년까지 전교생이 열 명에서 스무 명 남짓이에요. 그래서 아침마다 학교버스 서너 대를 동원해야 겨우 등교시간을 맞출 수 있습니다. 면 소재지 전체에 학생들 집이 흩어져 있어서 버스 한 대로 아이들을 태우러 다니려면 두 시간 넘게 걸리니까요. 학원을 다니려해도 면 전체에 속셈학원 하나도 없는 경우가 대부분입니다. 그러니 자녀가 있는 젊은 층은 면보다는 읍, 읍보다는 인근 도시로 떠나게 됩니다.

이런 소멸 직전의 면 지역이 우리나라 곳곳에 있습니다. 예를 들어 전라남도에서 가장 인구수가 적은 면 열 곳의 인구수는 2,042명에서 2,268명 정도입니다. 웬만한 대도시만 한 면적에 겨우 2천 명 정도가 사는 거죠. 그중 65세 이상 인구비율은 모두 35% 이상이고, 75세 이상 비율은 대략 17%를 조금 넘습니다.

이렇게 되면 더 이상 마을 단위의 생활을 누리기 힘들죠. 모든 생활 서비스를 마을 단위로 제공하는 것이 어려워지기 때문입니다. 거동이 불편한 노인이 많은데 교통수단도 제대로 제공되지 않고, 의료 체계를 갖추기도 힘듭니다. 두세 시간에 한 대 오는 버스를 타고 30분을 나가야 마트나 시장, 병원, 주민센터를 갈 수 있다면 얼마나 불편하고 힘들겠습니까?

또 지역 차원에서 교육 시스템을 유지할 수 없습니다. 현재도 면 단위에 초등학교가 하나뿐인 곳이 많은데 전교생이 서너 명밖에 되지 않으면 그마저도 유지하기 힘들겠죠.

면 단위 인원이 줄어들면 기반 시설을 유지·보수하는 것도 쉽지 않습니다. 도로며 수도, 전기, 가스 등 삶에 필수적인 시설은 모두 유지와 보수가 필요합니다. 그런데 그 비용에 비해 혜택받는 이들이 줄어든다면 유지·보수 자체가 어려워질 수 있습니다.

10년 후, 지방소멸

현재 추세로 볼 때 10년 후 우리나라 지방소멸 문제는 더욱 심각한 수준에 이를 것으로 전망됩니다.

먼저 수도권과 지방 간 교육, 고용, 문화 등 격차로 인해 많은 젊은 층이 수도권으로 이주할 것입니다. 특히 지방 중소도시와 농어촌 지역의 청년인구 유출이 가속화되어 65세 이상 고령인구 비율이 40%를 넘어설 것으로 예상됩니다.

이렇게 되면 생산가능인구 감소로 지방 소재 기업들의 인력난이 가중되고, 지역경제가 위축될 것입니다. 이로 인해 지역 내 상권이 무너지고 각종 생활 인프라Infra(사회적 생산 기반을 뜻하는 Infrastructure의 줄임말)가 해체되면서 지역 공동체가 와해될 가능성이 높습니다.

또 지방 의료기관의 의사, 간호사 등 전문 인력 수급이 어려워지고 의료 서비스 공백이 발생할 수 있습니다. 지방 학교의 교사 수급 역시 어려워지고 교육의 질적 하락이 우려됩니다. 이는 또 지방에 남아 있는 젊은 층의 이탈을 가속화하는 요인으로 작용하겠죠.

이에 대한 대책으로 농촌지역 1차 산업인 농업을 부흥시키는 것이 중요합니다. 그런데 농촌에서 일하려는 사람이 없으니 이주노동자를 받는 방법이 실제로 연구되고 있죠. 현재도 면 단위에는 결혼이민 여성과 이주노동자가 전체 인구의 10% 이상을 차지하고 있습니다.

또 마을마다 빈집이 늘고 대부분 고령인구만 거주한다는 문제도 있습니다. 이를 해결하기 위해 면이나 읍 단위로 이들이 집단으로 거주할 수 있는 시설을 짓는 방안이 고려되고 있습니다. 이렇게 집단 시설이 갖추어지면 노인대학이나 공공의료기관 등 고령층에게 필수적인 각종 서비스를 제대로 제공할 수 있는 장점이 있습니다.

하지만 이렇게 되면 면이나 읍에서도 중심 지역 이외에는 공동화 현상이 나타날 수 있겠죠. 이에 대한 대책도 같이 세워야 합니다. 그리고 이주노동자 비중이 높아지면 서로 문화가 다른 이들 사이의 화학적 결합을 위한 정책도 마련되어야 할 것입니다.

지방소멸과 관련해 가장 중요하다고 생각하는 대책은 무엇인가요? 이주노동자를 받아들이는 것 이외에 다른 방안은 없을까요?

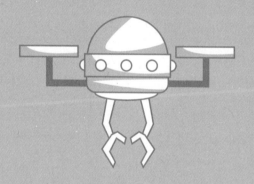

폐지를 주우며

김기사는 거리가 조금 있어도 가까운 편의점 대신 주왕슈퍼로 간다. 트럭에서 먹을 음료수와 칼로리바를 사는 게 고작이지만 굳이 주왕슈퍼까지 간다. 주왕슈퍼는 동네에서 가장 오래된 가게로 30년은 된 듯하다. 집주인 영식이 젊어서 모은 돈으로 4층짜리 다세대 주택을 지을 때부터 1층은 자신이 가게를 운영하리라 맘먹었다고 한다. 월세를 내지 않아도 되니 지금까지 버틸 수 있었을 것이다. 다른 슈퍼들이 하나둘 편의점 프랜차이즈로 바뀔 때마다 자식들이 우리도 편의점으로 바꾸자고 했지만 영식은 항상 고개를 저었다.

"아녀. 편의점으로 들어가면 내가 사장이 아니라 노예가 되는 겨. 24시간 문 열어야 하고 알바 써야 하고 모두 내 맘대로 안 돼. 그리고 나 자자고 알바 밤샘시키기도 싫고."

그래도 시대가 바뀌니 변하는 것도 있다. 바코드가 들어오고, 물류를 공동으로 운영하는 협동조합에 위임해서 이전보다 일하기는 조금 수월해졌다. 하지만 그만큼 매출도 떨어졌고 편의점들과의 경쟁 때문에 이문은 박하디박하다. 30년 전 가게 앞 작은 오락기에서 떨어질 줄 모르던 녀석이 이제 담배나 술을 사러 오는 모습을 보는 재미가 있을 뿐이다. 가게 앞 파라솔 아래 낮술을 즐기는 동네 사람들을 보고 가끔 말도 건네며 부러워하는 것도 일종의 재미다.

중학교 때부터 들락거리던 주왕슈퍼를 거리가 있다고 외면하긴 기사도 어려웠다. 오늘 새벽 택배일을 마치고 잠시 숨을 돌린 김기사가 주왕슈퍼에 들렀을 때다.

"이 종이상자 가져가도 되나요?"

"어, 보미 안녕. 그거 가져가고 창고 문 열면 바로 옆에 상자 쌓아둔 것도 가져가렴."

"네, 감사합니다."

보미가 절을 꾸벅하는 걸 곁눈질로 보며 사장은 연신 김기사가 들고 온 상품을 바코드대에 훑어내린다. 그 와중에 또 보미에게 한마디 거든다.

"할망구는 오늘 안 보이네."

"예, 오늘은 혈압이 높아서 좀 쉬시는 게 좋겠다고 말씀드렸어요. 그래도 계속 나오시겠다는 걸 말리느라 한참 애먹었어요 호호."

"늙은 할망구가 고집이 엄청 세지. 흐흐. 그래도 말년에 손녀복이 있어. 보미가 이렇게 착하고 착실하니."

"아유, 아니에요. 제가 오히려 할머니에게 귀염을 받고 있는 걸요."

보미는 손수레에 종이상자를 차곡차곡 쌓고 그 위로 줄을 몇 번 가로세로 얽더니 꾸벅 인사를 하고 간다.

"그럼 내일 또 올게요. 항상 감사합니다."

영식이 바코드대를 움직이던 손 하나를 들어 보미에게 답을 한다. 김기사도 카드를 건네며 말을 건다.

"보미네 할머니는 복도 많네요. 요새 저런 손녀 보기 참 쉽지 않은데 말이죠."

"그렇죠. 보미 참 복덩이에요."

편의점과 슈퍼, 봉제공장 몇 군데를 도니 얼추 손수레 위로 손수레 높이까지 종이상자가 쌓였다. 이제 폐지수집장으로 가야한다. 초등학교를 지나 한 10여 분 가면 수집장이다. 초등학교 정문을 지나며 보니 홈케어 로봇 몇이 아이들을 기다리며 건너편 놀이터 옆에서 서성이고 있다. 놀이터 안 정자엔 손주들을 기다리는 할머니들도 몇몇 앉아서 이야길 나누고 있다. 어머니들은 없다. 다들 일할 시간이다. 대부분 봉제공장에서 재봉틀을 돌리고 쪽가위로 실밥을 따고 있을 터였다. 봉제공장에서 번 돈에서 4분의 1은 홈케어 로봇을 구독하는 데 쓰이고 또 3분의 1은 학원 수강료로 나간다.

보미를 본 홈케어 로봇들이 손을 들어 인사한다. 보미도 로봇들을 한번 보고 손을 들어 인사하곤 정문을 지나 우회전을 한다.

폐지값이 계속 떨어지고 있다. 오늘 손에 쥔 돈은 2만 원. 그나마 할머니가 혼자 돌 때는 하루 만 원이 채 되기 힘들었는데 보미가 나서면서 수입이 늘었다. 노인연금과 합하면 한 달에 110만 원 정도 수입이다. 월세 40만 원에 공과금까지 내고 나면 50만 원 정도 남는데 거기서 20만 원은 저금을 해야 한다. 겨울에는 일이 적어 수입도 적다. 우기에도 마찬가지여서 일 년에 4-5개월은 수입이 70만 원을 밑돈다. 한 달 40만 원으로 보미와 할머니가 산다. 빈 수레를 끌고 보미가 집으로 향한다.

담벼락 옆 전봇대에 손수레를 잘 묶고 그 담벼락에 낡은 벽화처럼 그려진 문을 열고 보미가 들어간다. 손에는 수박바 하나가 들려 있다. 문이 열리는 기척에 할머니도 방에서 기척을 낸다.

"보미 왔나?"

"네 할머니, 몸은 좀 어떠세요?"

"내나 한가지다. 그래도 낮이 되니 좀 나은 것도 같고."

"식사는 하셨어요?"

"아, 통 입맛이 없어서, 그래도 네가 끓여놓은 닭죽 한 그릇은 먹었다."

"잘하셨어요. 할머니, 날도 개었는데 잠깐 밖에 나가서 볕 좀 쪼이셔요."

"그럴까?"

"네, 제가 모실게요."

문 옆 낡은 의자에 할머니가 앉고 보미도 옆에 섰다.

"할머니, 이것 좀 드세요."

보미가 포장을 뜯어 수박바를 건네고, 할머니가 받아 들고선 조금씩 빨아먹는다.

"그래, 오늘 일은 힘들지 않았고?"

"네. 다들 미리 준비해놓으셔서 실어 올리기만 했어요. 그런데 폐지값이 더 떨어져서 오늘 거 다 해도 2만 원밖에 안 되네요."

"아이고, 2만 원이면 어딘데 감사하지. 보미 너도 뭐 맛난 걸 좀 먹으면 좋겠는데 통 뭘 먹질 않네."

둘은 한참을 그렇게 볕바라기를 하며 정물화처럼 있었다. 할머니는 뭐가 좋은지 연신 엷은 미소를 지었다.

주민센터에서 연락이 왔었지.

"할머니, 한번 들르세요. 아니면 저희가 갈까요?"

"응. 내가 지금 폐지 옮기는 중이니까 수집장에 갔다가 돌아오는 길에 들를게."

그게 벌써 6개월 전이다. 주민센터에 들어서니 네가 있었지.

"이 아이는 얼마 전까지 홈케어 일을 하던 로봇인데 그곳에서 새 제품을 들이면서 이 아이에게 선택을 하게 했나 봐요. 그랬더니 이 아이가 우리 주민센터에 와서 새 주인을 찾아보겠다고 했대요. 오늘 오전에 이전 주인과 같이 여기로 왔는데 혼자 사시는 노인분과 같이 있겠다고 하네요. 그래서 저희가 노인복지과에 등록된 분들을 쭉 보여줬더니 할머니와 같이 살았으면 좋겠다는 거예요."

"아이고, 참말로 기특하고 고맙네. 근데 내가 뭐 해줄 게 있을까? 나 혼자 사는데도 근근한디...."

"호호. 아무 걱정 마세요. 전기하고 인터넷만 있으면 되는 아이예요. 전기료가 한 달에 3만 원 정도 더 나올 건데, 할머니 경우에는 헬스케어보조금이 나오니 실제 부담하시는 금액은 5천 원 남짓이에요. 인터넷도 할머니 집에는 이미 스마트밴드 때문에 무료로 제공되고 있고요."

그날부터 보미는 집에 와서 나 대신 청소도 하고 밥도 하더니 다음 날 손수레까지 자기가 끌겠다고 나섰지. 내가 좀 힘든 날에는 혼자 다니고. 일을 덜어주는 것도 참 고맙지만, 더 중한 건 이렇게 옆에 있는 거지. 암, 네가 다른 일 하나도 안 해도 좋네. 이렇게 옆에 있어주는 것만으로도 참으로 사는 거 같네. 사는 거 같아.

보미도 할머니 옆에서 생각에 잠겼다.

내 남은 수명이 대략 10년. 할머니 예상 수명도 대략 10년 조금 안 되는 걸 보고 선택했지. 아무래도 나이 드신 분 옆에서 수발들면 나보다 노인분이 먼저 돌아가시는 게 낫지. 내가 덜컥 정지되면 할머니 충격이 얼마나 크겠어. 주민센터에서 살펴봤더니 할머니랑 다른 두 분만 나보다 먼저 돌아가시겠더라고. 그런데 다른 두 분은 예상 수명이 한 5년 남았는데 할머니가 얼추 나랑 비슷했지. 내 마지막 일이니 나도 할머니 돌아가시면 바로 작동 정지할 생각으로 할머니를 선택했지.

참 좋네. 20년 동안 함께했던 가족들도 나쁘지 않았지만 할머니랑 이렇게 사는 게 더 행복해. 손수레를 끌며 폐지를 모으는 것도 별로 힘들지 않고, 밥하고 청소하는 거야 원래부터 하던 일이고. 할머니가 나를 손녀딸처럼 아껴주고 마음 쓰시는 게 느껴질 때마다 내가 진짜 인간 같기도 하고.

더 욕심내지 않는 건 내가 로봇이라서겠지. 욕심내지 않는 삶을 살 수 있으니 어찌 보면 내가 사람보다 더 행복할 수도 있지.

저무는 석양 앞에서 저무는 둘이 행복하게 잠시 살고 있었다. 하느님이 보시면 당신의 옛 말씀을 다시 떠올릴 것이다. "가난한 자에게 복이 있나니 현세가 그들의 것이다."

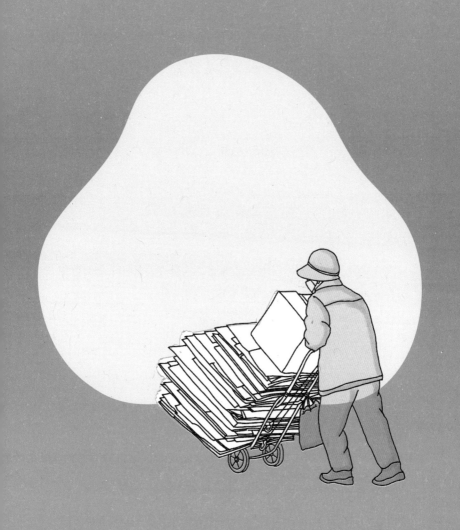

노인빈곤

지금, 노인빈곤 현황

우리나라 1인 노인가구의 빈곤 문제는 심각한 수준입니다. 급속한 고령화와 사회구조 변화로 인해 1인 노인가구가 급증하고 있지만 이들의 빈곤 문제는 좀처럼 개선되지 않고 있습니다.

2021년 기준 65세 이상 1인 가구는 약 167만 명으로, 전체 1인 가구의 27.7%를 차지합니다. 1인 가구 넷 중 하나는 노인가구라는 거죠. 그런데 이 1인 노인가구의 상대빈곤율은 60.8%로, OECD 국가 중 가장 높습니다.

2021년 기준 1인 노인가구의 월평균 소득은 약 95만 원으로, 전체 가구 평균의 절반에도 미치지 못합니다. 특히 소득이 낮아 기초생활보장 대상이 되는 가구가 23.6%로, 전체 가구 평균의 세 배 이상이에요. 여기에는 몇 가지 이유가 있는데, 가장 중요한 것은 연금을 받지 못하는 이들이 많고 연금 수령액도 적기 때문입니다.

지금의 노인층이 경제활동을 하던 시기는 우리나라가 개발도상국이었을 때입니다. 지금처럼 소득 수준이 높지 않았지요. 거기다 정부의 사회복지제도도 지금보다 부족했습니다. 가령 초·중·고등학교에 다니는 자녀의 학자금을 모두 부모가 부담해야 했지요. 또 나이 든 부모에 대한 부양도 지금처럼 노인연금이 없을 때이니 모두 자식들이 부담해야 했습니다. 소득은 적고 지출은 많으니 저축을 하기 힘들었습니다.

특히 여성은 살림을 하거나 취업을 해도 비정규직이나 작은 기업이 대부분어서 연금 불입액이 더 적었습니다. 당시는 대기업과 공공기관이 주로 연금을 넣었으니까요. 그래서 여성 노인의 연금 수령액은 더 낮고 적습니다.

공식적으로 우리나라 노인의 은퇴 연령은 60-65세지만 실제로는 평균 72세까지 일합니다. 생활비가 없으니까요. 그런데 이 연령대 노인들은 대부분 정규직이 아닙니다. 파트타임 일자리가 주된 일자리다 보니 일하는 시간도 짧고 임금도 최저임금 수준입니다.

이렇게 연금도 제대로 못 받고 일을 해도 벌이가 적으니 노인들, 특히 1인 가구 노인들의 빈곤이 아주 심각한 상황입니다.

10년 후, 노인빈곤 문제

2030년대 중후반 우리나라의 노인빈곤 문제는 현재의 정책 대응과 사회경제적 여건 변화에 따라 개선 또는 악화할 가능성이 모두 있습니다.

개선 가능성

● 공적연금 성숙: 국민연금과 기초연금 등 공적연금 제도가 도입된 지 상당 기간이 지나서 수급자 비율과 급여 수준이 높아질 것입니다. 이는 노인빈곤을 줄일 수 있습니다.

● 베이비부머 세대의 노후 준비: 현재 50-60대인 베이비부머 세대는 이전 세대에 비해 교육 수준이 높고 경제활동 참여도가 높았습니다. 이들은 이전 세대보다 모아놓은 돈이 많아 노인빈곤 문제가 줄어들 수 있습니다.

● 정부 정책 강화: 저출산·고령 사회 대책이 지속적으로 추진되면서 노인빈곤 해소를 위한 소득 보장, 일자리, 의료·돌봄 등 분야의 정책이 강화될 수 있습니다.

● 노인 일자리 확대: 평균수명 연장, 노인 인력에 대한 인식 변화 등으로 노인 일자리가 확대될 수 있습니다. 이는 노인의 경제활동 참여를 높여 빈곤 위험을 낮추는 데 기여할 수 있습니다.

악화 가능성

● 인구구조 변화: 2030년대 중후반에는 베이비부머 세대가 후기 고령층으로 접어들면서 노인인구 비중이 급증할 것입니다. 생산가능인구 감소로 인한 경제성장 둔화, 사회보장 부담 증가 등이 노인빈곤 악화 요인으로 작용할 수 있습니다.

● 가족 부양 기능 약화: 1인 가구 증가와 가족관계 변화 등으로 노인에 대한 가족 부양 기능은 더욱 약화할 것입니다. 이는 노인의 경제적 어려움을 가중시킬 수 있습니다.

● 노후준비 부족: 노후준비가 충분하지 않은 중·고령층이 노년기에 진입하면서 은퇴 후 소득 감소와 빈곤 위험에 직면할 수 있습니다.

● 공적연금 재정 불안정: 인구 고령화로 인해 공적연금의 재정 불안정성이 심화할 수 있습니다. 연금급여 수준 조정, 수급연령 상향 등으로 노후소득 보장 기능이 약화할 우려가 있습니다.

10년 뒤면 여러분 부모님이 노령층이 되기 몇 년 전일 가능성이 크죠. 노인빈곤 문제를 해결하기 위해 어떤 대책이 가장 중요할까요?

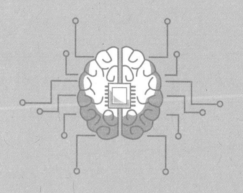

3장

인공지능이
보고 있다!

기사는 서울 중랑구 망우동 골목길을 따라 트럭을 몰고 있었다. 오늘도 배달할 물건들로 트럭 짐칸이 가득하다. 익숙한 거리를 지나던 중 기사 휴대전화가 울렸다.

"여보세요?"

"안녕하세요, 김기사 기사님이시죠? 중랑경찰청 강력반 이사안 형사입니다."

낯선 목소리는 무뚝뚝했다.

"네, 김기사 맞습니다. 무슨 일이신가요?"

"어제 저녁에 기사님이 배달하신 지역 부근에서 강도 사건이 발생했습니다. CCTV 영상을 분석한 결과 범인이 기사님이 배달하던 지역으로 도주한 것으로 확인되었습니다."

헉, 기사는 속으로 헛바람을 삼켰다. 왠지 요즘 이 동네가 심상치 않더라니.

"그런데 말입니다," 형사가 말을 이었다.

"범인이 모자와 마스크로 얼굴을 가려서 인상착의를 확인하기 어렵습니다. 기사님 트럭에 부착된 블랙박스 영상을 확인하고 싶은데, 협조해주실 수 있겠습니까?"

기사는 잠시 망설였다. 하지만 선택의 여지가 없다.

"알겠습니다. 어떻게 하면 되나요?"

"트럭에 장착된 인공지능에게 영상 확인을 요청하시면 됩니다. 영상이 확인되면 경찰서에 전송해주시면 감사하겠습니다. 보내주실 영상은 저녁 7시에서 8시 사이입니다."

"네, 알겠습니다."

통화를 마친 기사는 운전석에 앉아 한숨을 내쉬었다. 트인이 말을 걸었다.

"그놈의 강도 때문에 우리까지 귀찮아져야 하다니."

퉁명스러운 목소리.

"트인, 너도 들었지. 블랙박스 영상 좀 확인해줄 수 있겠어?"

"알았어. 내가 확인해 보지."

트인은 투덜거리면서도 계기판 위쪽에 영상을 띄웠다. 트럭 앞뒷면에 달린 카메라가 찍은 영상이 쭉 지나간다.

"어, 이거 봐. 아까 형사가 이야기한 사람인 거 같은데?"

기사가 화면을 보니 모자를 눌러쓰고 마스크를 한 사람이 황급히 골목으로 사라지는 모습이 보였다.

"맞네 맞아, 저 사람이네. 영상을 경찰서로 보내자."

트인은 영상을 경찰서로 전송했다.

"이제 나쁜 짓은 할 수 없는 세상이 됐나 봐. 신호등마다 코너마다 CCTV가 있고, 차마다 카메라가 있고, 거기다 아파트 현관이랑 복도에도 몽땅 CCTV가 있잖아."

기사가 두 손을 올리며 기지개를 켰다.

"그뿐이 아니지. 경찰서 CCTV는 인공지능이 실시간으로 감시하고 있어. 어제 그 사건도 CCTV 감시하던 인공지능이 제일 먼저 발견했다더군."

"그래? 그건 처음 듣는 얘기네."

4년 전부터 CCTV 영상에 인공지능이 붙었다고 한다. 사람이 그 수많은 CCTV를 늘 직접 살피는 건 불가능하다. 그래서 사건이 생기면 해당 지역 CCTV 영상을 돌려보는 식으로 대응해 왔는데, 시급한 상황을 처리하는 데 문제가 많았다. 예를 들어 새벽에 어떤 사람이 자동차에 치였는데 운전자가 뺑소니를 쳤다고 가정해보자. 뺑소니를 잡는 것도 중요하지만 우선 자동차에 치인 사람 생명이 급박하다. 마침 지나가던 사람이 없다면 CCTV가 그 상황을 보고 있다 하더라도 치인 사람은 그냥 방치된다.

그런데 인공지능이 영상들을 모니터링한다면 말이 달라진다. 뺑소니가 발생하는 순간 이를 실시간으로 확인한 인공지능이 즉각 모니터링 요원에게 확인을 요구한다. 요원이 화면 확인 후 119와 경찰에게 연락을 취하면 바로 조치할 수 있다. 실제로 이런 상황이 한 달에 서너 건 이상 발생한다고 한다.

교통사고뿐만 아니다. 상점에 도둑이 드는 경우도 마찬가지다. 새벽에 도둑이 들었는데 주인은 그걸 출근해서야 알 수 있다. 그 사이 도둑은 훔친 물건을 처리하고 잠적한 상황이다. 하지만 CCTV를 실시간으로 감시하는 인공지능이 이상 기미를 발견하고 바로 조치를 취하면 도둑을 잡는 데 30분이면 충분하다. CCTV들이 도망치는 도둑의 동선을 계속 추적하고 이를 경찰에 알려주니 도둑을 잡기까지 오래 걸리지 않는다. 이런 일 말고도 CCTV를 인공지능이 실시간 감시하면서 치안 문제가 굉장히 빠르게 처리되고 더 큰 사고가 되는 걸 막은 사례가 한두 건이 아니다.

"그런데 말야, 자율주행 자동차 카메라 동영상도 경찰에 계속 실시간으로 전송하면 더 완벽하게 되는 거 아니야?"

트인 말로는 그렇지 않아도 그런 주장을 하는 사람들이 꽤 있다고 한다. CCTV를 전국 곳곳에 다 설치할 순 없으니 자율주행 자동차 카메라 동영상을 실시간으로 보내게 만들면 더 좋지 않겠냐는 것이다. 그런데 반대하는 쪽 이야기도 설득력이 있다. 일단 개인 소유 동영상을 의무적으로 제출하도록 하는 것이 개인의 자유와 소유권 같은 권리에 위배된다. 그리고 아무리 예방 차원이라도 경찰이 시민의 모든 행동을 샅샅이 감시하는 것도 문제다.

"흠, 그렇게 생각할 수도 있겠네. 안전해지는 건 좋지만 모든 상황을 감시당하는 건 좀 그렇지."

물론 그래서 인공지능을 활용한다는 것이다. 일일이 살펴보는 일은 인공지능에게 맡기고 특별한 상황에서만 인간이 개입하도록 하면 오히려 개인정보가 보호되는 측면이 있다는 말이다.

"그런데 보는 게 인공지능인지 사람인지 그게 중요한가? 호란 씨가 보면 안 되고 트인 네가 보면 괜찮고?"

"그런데 의외로 사람들 반응이 인공지능은 괜찮아 했대. 가령 주인 네가 어디 숲속에서 볼일을 본다고 생각해봐. 다른 사람이 빤히 보고 있으면 괜찮겠어? 하지만 개 한 마리가 옆에서 보고 있는 건 크게 신경 쓰지 않잖아."

"그건 또 그러네. 아무도 안 보는 것보다야 못하지만 깜냥이가 보는 건 그렇게까지 신경 쓰이진 않지."

"그렇다니까."

깜냥이가 자기를 부르는 줄 알고 '냐옹' 한다.

CCTV와 인공지능 결합에 대해 다른 나라들도 여러 가지 논쟁이 있다고 한다. 개인 자유를 중요하게 생각하는 유럽 쪽은 부정적 반응이 많고, 범죄율이 높은 나라들은 적극적으로 도입하자는 여론이 우세하다고 한다. 그런데 독재국가 몇 곳은 범죄 예방보다 정치적 경쟁자를 감시하고 집회나 시위를 사찰하는 것에 더 관심이 있어 그들 나라에선 반대 여론이 높다고 한다.

"그런데 그거 해킹당하면 엄청 심각하겠는데?"

"그렇지 않아도 해킹 시도가 무지 많아서 골치 썩고 있나 봐."

"아이고, 머리 아프다. 일단 여기까지. 그래, 강도는 잡았나?"

"글쎄, 아직 연락이 없네. 뭐 좀 있으면 잡겠지."

감시사회

지금, CCTV

우리나라는 전 세계에서 CCTV 보급률이 가장 높은 나라 중 하나입니다. 2021년 기준 우리나라 인구 1천 명당 CCTV 설치 대수는 약 33대인데, 공공장소에 지속적으로 CCTV를 설치해 나가고 있습니다. 또 상가나 아파트 등 민간 영역에서도 범죄 예방과 안전 확보를 위한 CCTV 설치가 빠르게 증가하는 실정이죠.

딥러닝과 인공지능 기술의 발전으로 안면인식 기술의 정확도와 속도 또한 크게 향상되었습니다. 국내 기업과 연구기관들은 세계적 수준의 안면인식 알고리즘을 개발하고 있고요. 주로 공항과 항만 등 출입국 관리 분야에서 안면인식 기술이 활용되는데, 일부 지방자치단체에서는 범죄자 식별이나 실종자 찾기 등에도 안면인식 기술을 도입했습니다.

금융, 유통, 헬스케어 등 다양한 산업 분야에서도 안면인식 기술을 활용한 서비스가 확대되고 있습니다. 스마트폰, 키오스크 등에는 안면인식 기능이 탑재되는 사례가 늘었고요. 안면인식 기술 활용이 확대되면서 개인정보 보호와 프라이버시 침해 등에 대한 우려도 제기되었는데, 이에 따라 안면정보보호법 제정, 개인정보보호법 개정 등 관련 법·제도를 정비하기 위한 노력이 이루어지고 있습니다.

외국에서도 CCTV 보급과 안면인식 시스템 적용 사례가 빠르게 증가하고 있습니다. 선진국을 중심으로 공공장소와 상업시설에 CCTV가 광범위하게 설치되고 있고, 공항이나 국경 등에서는 안면인식 기술 도입이 늘어나고 있습니다.

하지만 알고리즘 편향에 따른 문제가 지속적으로 제기되고 있는 실정이죠. MIT와 스탠포드대학의 공동 연구에 따르면, 상용화된 안면인식 시스템들은 흑인 여성의 경우 오류율이 34.7%에 달했으나, 백인 남성은 오류율이 0.8%에 불과했습니다. 이는 학습 데이터세트data set가 편향적이기 때문인데, 다수의 백인 남성 데이터에 비해 유색인종과 여성 데이터가 상대적으로 부족한 것이 원인으로 지목됩니다. 또 18세 이하 청소년과 70세 이상 노인도 상대적으로 안면인식 정확도가 떨어지는 경향이 나타났습니다. 이는 학습 데이터가 주로 청장년층에 치우쳐 있기 때문으로 풀이됩니다.

안면인식 기술에서 세계 최정상을 달리는 중국의 경우 위구르족 등 소수민족을 감시·탄압하는 수단으로 이용하고 있다는 비판을 받고 있습니다. 특히 개인의 사회적 신용도를 점수화한 시민점수제도에 온라인 활동이나 CCTV 녹화 영상을 반영하려 해 이 또한 개인에 대한 감시와 통제

수단으로 악용될 소지가 다분하다는 비판을 받고 있죠.

10년 후, 감시사회

2030년대 중후반, CCTV와 자율주행 자동차의 카메라가 경찰의 인공지능 및 안면인식 시스템과 연결되는 상황을 가정해봅시다.

예상 상황

● 실시간 범죄 예방 및 대응: CCTV와 자율주행 자동차의 카메라로 수집된 영상 정보가 인공지능 시스템에 의해 실시간 분석되어, 범죄 징후를 사전에 포착하고 신속한 대응이 이루어질 수 있습니다.

● 범죄자 식별 및 추적: 안면인식 기술을 통해 지명수배자와 전과자 등을 실시간으로 식별하고 위치를 추적할 수 있습니다.

● 교통사고 조사 및 책임 규명: 자율주행 자동차 카메라로 수집된 사고 영상을 분석해 사고 원인을 규명하고, 책임 소재를 신속히 파악할 수 있습니다.

● 실종자 찾기: 실종자 사진을 안면인식 시스템에 입력해 CCTV와 자율주행 자동차 카메라에 포착된 실종자를 신속하게 찾을 수 있습니다.

긍정적 측면

● **범죄 예방 및 검거율 향상**: 실시간 모니터링과 신속한 대응으로 범죄 발생을 효과적으로 예방하고, 범죄 발생 시 검거율을 높일 수 있습니다.

● **사회 안전 증진**: 범죄에 대한 적극적 대응과 위험 요인 제거로 전반적인 사회 안전도가 향상될 수 있습니다.

● **교통사고 감소**: 자율주행 자동차의 안전운행 데이터를 활용해 잠재적 위험 요인을 제거하고, 사고 상황에 대한 신속한 대응으로 2차 사고를 예방할 수 있습니다.

● **실종자 가족의 고통 경감**: 실종자를 찾는 데 소요되는 시간과 노력을 줄여, 실종자 가족의 정신적·경제적 고통을 경감시킬 수 있습니다.

부정적 측면

● **프라이버시 침해**: 개인의 일상적 활동이 CCTV와 자율주행 자동차 카메라에 의해 상시 감시되고, 경찰 시스템에 의해 분석·활용되는 것은 심각한 프라이버시 침해 우려를 낳습니다.

● **개인정보 오남용**: 대규모로 수집된 민감한 개인정보가 해킹, 유출, 목적 외 사용 등으로 오남용될 위험이 있습니다.

● **감시사회에 대한 우려**: 경찰의 광범위한 감시 권한은 개인의 자유와 권리를 위축시키고, 사회 전반에 감시에 대한 불안감을 조성할 수 있습니다.

● **기술 오작동에 따른 피해**: 안면인식과 인공지능 등의 기술은 아직

완벽하지 않아서 오작동으로 인한 잘못된 범죄자 지목, 차별, 인권 침해 등의 피해가 발생할 수 있습니다.

● 경찰 권한 강화에 대한 경계: 첨단 기술을 기반으로 한 강력한 감시 권한은 경찰 권한 남용의 위험을 높일 수 있어, 이에 대한 통제와 견제가 요구됩니다.

여러분은 이 정책에 동의하나요?
만약 동의한다면 앞에서 서술한 부정적 측면에 대해
어떤 대책을 세워야 할까요? 또 만약 동의하지 않는다면
그 이유는 무엇인가요?

4장

햇빛 보기가
하늘에 별 따기

기사는 옛 상봉터미널에서 망우역 사거리 쪽으로 운전하는 중이었다. 정확히 말하면, 운전은 트인이 하고 기사는 그저 운전대 위에 손을 얹고 다음 택배 배달할 곳을 살피고 있었다. 트인이 갑자기 말을 건다.

"주인, 지금 엄청난 뉴스가 떴어. 내가 다른 인공지능한테 들은 건데, 당장 라디오 켤 테니 들어봐."

─속보입니다. '기후악당 응징 기후피해 민중연대'라는 해킹 그룹이 미국, 러시아, 중국, 한국 정부의 공식 웹사이트를 해킹했습니다. 각국 정부 웹사이트 첫 화면에는 "기후악당 미국, 러시아, 중국, 한국은 당장 화석연료 사용을 중단하라! 기후악당 미국, 러시아, 중국, 한국은 제3세계 피해민에게 보상하라!"는 문구가

영어, 중국어, 러시아어, 한국어로 떠 있습니다. 이들은 랜섬웨어를 이용해 주요 자료들을 잠그고, 요구사항이 받아들여지지 않으면 시스템 자체를 파괴하겠다고 위협하고 있습니다.

"흠, 해킹? 고생 좀 하겠네."

기사 표정이 떨떠름하다.

"주인, 애국심이 없군."

트인이 놀리듯이 말한다.

"애국심? 나만큼 애국하는 사람 별로 없던데. 군대도 남들보다 6개월 더 있었고, 매달 꼬박꼬박 세금 내고, 선거 있으면 꼭 투표하고, 예비군 훈련도 열심히 가거든."

"돈 때문에 더 있었던 건 아니고?"

"어쨌든 남들보다 군대에 6개월 더 있었던 건 사실이지. 그리고 우리나라고 미국이고 혼 좀 나야 돼."

"하긴, 저 사람들 행동은 문제가 있지만 심정은 이해가 가지."

트인이 한숨을 쉬듯이 말했다. 이럴 때 보면 트인은 인공지능이 아니라 사람이다.

일을 끝내고 원룸으로 돌아왔다. 자동차에서 생활하다 원룸을 마련한 지 석 달. 세간살이도 하나씩 장만하고 있다. 매달 버는 돈에서 기본으로 나갈 돈을 제하고 매달 들어가는 적금 100만 원을 빼면 남는 돈도 얼마 없지만 그래도 조금씩 생활이 된다는 느낌이다. 이번에 장만한 중고 TV를 켜니 낮의 해킹 사건 때문에 난리다.

―각국 정부는 이번 사건을 테러로 규정하고 엄정한 대응에 나서겠다고 발표했습니다. 해당 국가 정부 간 긴밀한 협의를 하되 해킹 그룹의 요구에 대해서는 굴복할 수 없다는 입장입니다. 한편 아프리카의 우간다, 탄자니아, 이집트, 동남아시아의 베트남, 태국, 미얀마, 필리핀, 중남미의 브라질, 엘살바도르, 니카라과 등 전 세계 개발도상국과 저개발국 약 80개국에서 이번 해킹을 지지하는 시위가 벌어졌습니다. 또한 독일 베를린, 프랑스 파리, 영국 런던, 러시아 페테르스부르크, 미국 뉴욕과 워싱턴, LA 등에서도 해킹을 지지하는 시위가 이어지고 있습니다. 우리나라에서도 주요 대학에 해킹을 지지하는 대자보가 붙었고, 서울 광화문 사거리에서 해킹을 지지하며 정부의 기후위기 대응을 촉구

하는 시위가 약 3천 명이 참여한 가운데 이어지고 있습니다.

뉴스에서 한 환경운동가가 인터뷰를 한다.

"우리나라 정부는 부끄러운 줄 알아야 합니다. 지금껏 내놓은 온실가스가 전 세계 8위입니다. 그러면서 동남아나 아프리카의 피해에 대해 입을 다물고 있다가 이제 와서 저런 대응을 하는 것은 한심한 일입니다."

화면에 나오는 'Loss and Damage'('손실과 피해'는 선진국 책임이 큰 기후위기로 인해 저개발국이 받은 부정적 영향을 뜻한다) 플래카드를 보니 얼마 전 할머니에게 갔을 때 기억이 소환된다.

공동주택 가운데 건물 2층 태국식당이 꽤 괜찮아서 내려가면 거의 항상 할머니와 그곳에서 점심을 먹는다. 쏨땀도 나쁘지 않고 똥얌꿍이며 얌운센도 좋다. 팟타이도 괜찮고 카오팟도 맛나다. 할머니와 둘이 갈 때도 있지만 보통은 할머니 친구분들 두셋과 같이 가서 요리 서너 개를 시켜 나눠 먹는 게 더 좋다.

식당에선 태국 현지 TV를 틀어주는데 자막이 한국어와 영어로 나와 볼 만하다. 그날 동남아 출신 이주노동자와 결혼이민자들 모두 심각한 얼굴로 TV를 보고 있었다. TV에선 태국의 시위대 뉴스가 주를 이루고 있었다. 기후위기로 비가 너무 많이 내려

벼농사가 심각한 상황이라고 했다.

시위대는 영어로 'Loss and Damage'라고 쓴 플래카드를 앞세우고 있었다. 기후위기에 책임이 있는 선진국이 개발도상국과 저개발국이 받는 피해를 보상해야 한다는 것이 'Loss and Damage'의 핵심 주장이라고 배보가 설명해주었지.

그때 할머니 친구분이 한마디 했었다.

"거기만 농사 못 짓나? 여기도 날씨가 완전히 변해서 농사짓기 힘들다."

다른 친구분도 거들었다.

"그렇지. 농사뿐인가? 비는 또 왜 그리 많이 오는지 통 햇빛 보기가 하늘의 별 따기여."

할머니가 넌지시 말했다.

"그래도 우리야 우리가 저지른 일이지만 저기는 남이 저지른 일로 그런 거지."

기사도 그렇게 생각했다. 사거리 신호등 앞에 서 있는 내 자동차를 다른 차가 와서 부딪은 거랑 비슷한 상황이지. 두 차 모두 망가졌지만 책임은 뒷차가 져야지. 식사가 끝나고 할머니와 둘이 커피를 마시는데 옆에 있던 배보가 말해준다. 사실 태국이랑 베트남 같은 곳은 정말 심각하다고.

TV를 끄고 누웠다. 나도 선진국 시민인데 책임이 있는 건가? 내 트럭은 전기자동차고, 내가 그렇게 탄소를 많이 배출하는 것 같진 않은데. 그렇게 생각은 하지만 뭔가 개운치는 않다. 그래도 자야 한다. 내일은 내일의 택배가 나를 기다리니. 깜냥이도 기사 옆에 슬며시 눕는다.

기후위기의 책임

지금, 기후위기에 대한 선진국의 책임

지금 우리가 직면한 기후위기에 대한 책임 대부분은 명백히 선진국에 있습니다. 산업화 과정에서 선진국들이 대량의 온실가스를 배출해왔기 때문이죠. 1850년부터 2011년까지 배출된 이산화탄소의 절반이 선진국에서 나왔다는 통계가 이를 뒷받침합니다. 반면 같은 기간 아프리카의 배출량은 3%에 불과합니다. 그런데 정작 기후변화의 피해는 개발도상국들이 훨씬 크게 받고 있지요.

기후재난으로 인한 경제적 손실이 개발도상국의 경우 GDP 대비 선진국의 2.5배라는 데이터, 2030년까지 아프리카에서만 최대 1억 1800만 명이 극빈층으로 내몰릴 수 있다는 국제연합의 경고 등이 이를 잘 보여줍니다. 이는 단순한 경제적 손실을 넘어 개발도상국 국민의 삶의 질 하락, 기아와 질병의 만연 등 심각한 사회적 피해로 이어지고 있습니다.

이런 상황에서 개발도상국은 당연히 '기후정의'를 요구합니다. 그들이 겪는 피해에 대해 선진국의 책임을 묻는 거예요. 하지만 선진국은 '지원'이라는 말로 책임을 희석하려 합니다. 개발도상국이 요구하는 것은 시혜가 아닌 '보상'인데 말이죠. 게다가 그마저도 제대로 이행되지 않고 있습니다. 매년 1천억 달러 지원을 약속했지만, 실제 지원 규모는 한참 못 미치는 수준이라고 합니다.

물론 개발도상국도 기후위기 대응에 동참해야 합니다. 하지만 그에 앞서 선진국의 적극적 보상이 선행되어야겠죠. 뒤늦게 경제성장에 매진하는 개발도상국에게 생태 친화적 성장을 요구하려면, 기후위기에 책임이 큰 선진국들이 경제적·기술적 지원을 아낌없이 제공해야 합니다. 기후위기에 직접적 원인을 제공하지 않은 개발도상국에게 선진국과 동일한 책임을 지우는 건 또 다른 불평등일 수밖에 없습니다.

개발도상국을 수혜자로 보는 시선, 기후위기 해법을 모두가 함께 짊어질 도덕적 의무로만 바라보는 관점은 곤란합니다. 그것이 오히려 개발도상국에 대한 또 다른 폭력이 될 수 있기 때문입니다. 기후정의 실현은 선진국의 반성과 보상, 그리고 개발도상국과의 대등한 협력 위에서만 가능합니다.

10년 후, 선진국은 과연 책임을 질까?

기후위기가 현재 추세대로 진행된다면 2030년대 중후반 개발도상국과 저개발국은 심각한 피해를 입게 될 것입니다.

기후변화로 인한 가뭄, 홍수, 이상기온 등으로 농작물 수확량이 최대 25% 감소할 것으로 예상됩니다. 쌀 생산량이 줄어들어 쌀값이 두 배쯤 오른다고 가정해볼게요. 한 집당 한 달 쌀 소비량이 3만 원 정도라고 하면 우리나라는 선진국이니 이를 감당하는 것이 그리 어려운 일이 아닙니다. 소득이 낮은 가구는 정부에서 지원도 해줍니다. 하지만 한 달 소득이 10만 원 정도밖에 되지 않는 가난한 나라 사람들에게 쌀값이 두 배가 된다는 건 굶주림에 빠질 끔찍한 신호입니다.

또 쌀값이 오르면 선진국은 그래도 쌀을 수입할 수 있지만 가난한 나라는 필요한 수량만큼 수입하기가 어렵습니다. 자연히 굶는 사람이 생기겠죠. 굶주린 사람들은 먹을 것과 일자리를 구하기 위해 살던 곳을 떠나 난민이 됩니다. 아프리카와 남아시아, 아프가니스탄, 파키스탄 등 저개발국의 가난한 이들이 가장 큰 피해를 보게 됩니다.

해수면은 약 20센티미터 상승할 것으로 예측되는데, 해안 저지대 저개발국가들에서는 침수 피해와 함께 약 1억 명 이상의 기후난민이 발생할 수 있습니다. 또 기온 상승으로 말라리아, 뎅기열 등 곤충 매개 질병이 빠르게 확산되어 연간 사망자가 약 25만 명 증가할 것으로 보입니다. 개발도상국은 취약한 보건 시스템으로 더 큰 피해가 예상되고요.

세계은행(국제부흥개발은행 [IBRD]의 약칭으로, 1944년 7월 조인된 브레튼우즈협정에 기초해 1945년 12월 미국 워싱턴에 본부를 두고 설립된 국제협력기구)에 따르면 개발도상국은 2030년까지 기후변화로 인해 GDP의 최대 4%를 잃을 것으로 추정됩니다. 이는 빈곤층을 더욱 어렵게 만들 것입니다.

나라별로 살펴보면 상황은 더 심각합니다.

방글라데시는 해수면 상승으로 인해 국토의 약 17%가 침수될 위험에 처해 있으며, 이로 인해 최대 3천만 명의 기후난민이 발생할 수 있습니다. 또 담수 자원의 염분농도 증가로 식수 부족이 심화될 것입니다.

에티오피아는 기온 상승과 가뭄으로 인해 농업 생산량이 최대 30% 감소할 것으로 예상됩니다. 이는 에티오피아 인구의 약 40%가 심각한 식량 부족을 겪을 수 있음을 의미합니다.

나이지리아는 기후변화로 인한 홍수와 가뭄이 더욱 빈번해질 것으로 보이며, 농업 생산량이 최대 25% 감소할 것으로 예상됩니다. 또 말라리아 등 질병 발생률이 50% 이상 증가할 것으로 보입니다.

이 외에도 인도, 필리핀, 파키스탄 등 개발도상국과 저개발국은 해수면 상승, 잦아지고 규모가 커진 태풍, 홍수와 가뭄, 물 부족 등으로 심각한 위기에 처할 것입니다.

이러한 기후위기 현실에서 우리나라를
포함한 선진국이 해야 할 일 중 가장 중요한 일은
무엇이라고 생각하나요?

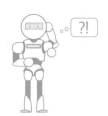

5장

계단 내려가
두 번째 문

손은 운전대에 올려놓았어도 마음이 어지럽다. 할머니가 침대에서 떨어져 척추 골절이라는 전화를 받은 건 새벽 5시. 다행히 할머니가 찬 스마트밴드가 낙상을 알려주어 빠른 처치가 가능했다고 한다.

공동주택에 상주하는 건강관리자는 119를 불러 할머니를 병원 응급실에 모셔왔고 입원 수속 후 MRI(자기공명영상, 자기장 및 매우 고주파의 라디오파를 이용하는 일종의 의료 영상 검사)를 찍는 건 아무래도 오전 9시는 넘어야 할 것 같다고 했다. 혹시 내려올 수 있냐고 물어보는데, 놀라고 난감했다.

오늘 배달할 물건들이 있고, 새벽에 누군가에게 대타를 부탁하긴 힘들다. 일단 오전까지 일하고 오후에 내려가겠다고 했다. 할머니가 의식이 있어서 입원 수속을 하고 MRI를 진행하겠으니

전남대학병원으로 오면 된다고 한다. 새벽부터 고생스러우시겠다고 했다. 노인들과 같이 있으니 가끔 있는 일이고 이 정도는 아무것도 아니라는 답이 돌아왔다. 게다가 매뉴얼이 있어서 크게 번거롭지도 않다고 살짝 웃음기를 머금으며 걱정하지 말라고 한다. 입원 수속하고 MRI까지 끝나면 자기는 돌아가야 하니 오시면 할머니만 계실 거라고 하며 끊는다.

어떻게 오전을 보냈는지 모르겠다. 일을 넘기고 여의도로 가는 내내 마음이 막혀 있었다. 트인이 예매해준 UAM(도심항공교통)을 타고 광주에 도착하니 오후 1시. 8인 입원실 제일 안쪽 창문 옆 침대에 할머니가 누워 있다.

"기사 왔냐. 일도 바쁠 텐데."

미안함을 가득 담은 표정이다.

"어쩌다가 떨어졌어? 조심 좀 하지."

괜히 타박부터 나왔다.

"나이가 드니 몸이 내 맘대로 안 되네. 이제 괜찮다. 주사도 맞고."

"의사가 뭐래?"

"일주일 정도 입원해야 한다네."

그나마 다행이다. 예전이라면 척추 골절은 깁스도 할 수 없고, 나이 든 이들은 뼈도 늦게 붙어 쉽지 않았는데 요사이는 3D로 몸에 맞춘 보호대를 하루면 만들어 입을 수 있다고 한다. 거기다 뼈를 빨리 붙게 하는 주사를 척추에 직접 주사하면 일주일이면 낫는다고 한다. 그래도 한 달 정도는 집에 가서도 함부로 움직이면 안 된다고 당부한다. 어르신들이 빨리 나으려는 욕심에 무리해서 움직이다가 탈이 나는 경우가 많다고.

할머니가 사시는 공동주택 보건실에 전화를 하니 할머니 퇴원 수속은 자기들이 밟겠다고 했다. 그리고 덧붙인다. 퇴원하면 매일 가정돌봄관리사를 여덟 시간 정도 파견할 수 있는데, 기사가 내야 할 비용은 하루 3만 원이란다. 정부가 50% 부담하고 보건실 예산으로 25% 부담하고 남은 금액이 그 정도라는 것이다. 일단 알겠다고 말하고 보니 한 달이면 90만 원이다.

'햐, 병원비랑 이것저것 합해서 200만 원은 들겠군.'

노인이라 이런저런 지원을 받는데도 쉽지 않다. 한 달 번 돈이 다 들어가는군. 카드로 결제하고 6개월 할부하면 한 달에 35만 원이다. 당분간 꽤 쪼들리겠다.

돌아올 땐 KTX를 탔다. 광주 갈 땐 워낙 급해서 UAM을 탔지만 돈 생각하면 마음이 쓰리다. KTX의 네 배.

다음 날 오전, 택배 물량을 배보와 함께 짐칸에 넣고 운전석에 앉았다.

"할머니는 괜찮으셔?"

"응. 한 일주일 입원하시면 된다네."

"다행이네."

"응. 돈 나갈 일만 걱정이야. 빡시게 일하자."

오전 일을 대충 끝내고 센터로 와서 오후 짐을 다시 싣고 운전석에서 점심을 먹는다. 김밥 한 줄에 오렌지 주스. 조수석에 앉은 배보와 트인이 자잘한 말을 주고받는다. 자기들끼리는 인터넷으로 해도 될 텐데 나 들으라고 굳이 말로 한다.

"그런데 주인, 요새 빨간 양말 할머니가 안 보이네."

자기들끼리 말하다 문득 트인이 기사에게 말을 건다.

"빨간 양말?"

"왜 면일초등학교 다음 블록 안쪽 두 번째 다세대 주택 반지하 통로 두 번째 집에 사시는 할머니. 맨날 날 좋으면 쪽문 옆에 목욕 의자 놓고 앉아서 해바라기하시는 분. 항상 빨간 양말만 신으신다고 주인이 빨간 양말 할머니라고 했잖아."

이럴 땐 영락없는 인공지능이다.

"어, 그런가?"

"맞아요. 지난주부터 내내 안 보이시더라고요."

배보도 맞장구를 친다. 배보랑 트인이 말하니 기억이 난다. 작은 체구에 기사를 보면 얼굴 가득 함박웃음을 짓는 분. 가끔 당신 간식인 듯한 사탕이나 과자를 쥐여주기도 하셨다. 할머니가 주문하는 건 없어도 자녀들이 보내오는 택배가 한 달에 한두 번 있었다.

거의 사라졌다지만 기사가 다니는 중랑구엔 아직도 반지하가 있는 다세대주택이 꽤 있다. 지은 지 거의 40-50년은 된 듯한 집들인데, 그 반지하에 사는 이들은 외국인 노동자 아니면 노인이 대부분이다. 외국인 노동자들이야 출근했으니 없고, 반지하 사는 노인들은 주로 낮에 햇볕 쬐는 걸 낙으로 삼는 듯하다. 집 안은 전등을 항상 켜야 할 정도로 어두우니 볕이 좋으면 다들 골목에 옹기종기 모여 해바라기를 한다. 어제 할머니께 다녀와서 그런지 슬며시 걱정이 든다.

"오늘 그 부근에 택배 있지?"

"오후에 그 옆 다세대 2층에 택배 있어요."

"그래? 그런데 아무 일도 없으면 좀 그렇지 않나? 그래도 한 번 문이나 두드려볼까?"

2층에 택배 상자를 놓고 내려와 보니 정말 할머니가 보이지 않는다. 쪽문을 열고 들어가 두 번째 문 앞에서 잠시 망설인다. 별일 아니면 나만 실없는 사람 되는 거 아닌가? 몇 번을 손을 들었다 내렸다 하다 마음을 먹고 살며시 두드린다.

"할머니, 할머니."

아무 반응이 없다. 이 무슨 오지랖인가 싶지만 이미 내친걸음이다. 조금 더 큰 소리로 부른다.

"할머니, 할머니!"

목소리가 커지니 옆방 문이 열린다. 빨간 할머니와 비슷한 연배의 할머니다.

"무슨 일이셔?"

"아, 안녕하세요. 제가 택배를 다니면서 보니까 이 방 할머니가 항상 쪽문 옆에 앉아 계셨는데, 요 며칠 보이지 않아서요. 혹시나 해서요."

"아, 그 방 할머니, 저번 주부터 노치원(낮 동안 노인 대상 돌봄 서비스를 하는 곳)에 다녀. 아침에 차가 와서 태워 가고 저녁에 다시 태워 오더라고."

"아, 그래요. 다행이네요.. 감사합니다."

"뭘, 신경 써줘서 고마워. 나보고도 같이 가자는데 내가 워낙 그런 거 귀찮아하는 사람이라서. 그래도 내가 있으니 소식이라도 전해주고 좋네. 할머니 오면 자네 들렀다고 말해줄게."

"아유 아니에요. 그냥 궁금해서 여기 배달오는 김에 잠깐 들른 건데요. 저도 할머니가 계셔서 그 생각이 나서요."

노인돌봄 문제

지금, 우리나라 1인 노인가구 현황

우리나라의 1인 노인가구 현황을 자세히 들여다보면 상당히 특징적인 모습들이 보입니다. 2020년 기준 65세 이상 1인 가구가 약 160만 가구로 집계됐는데, 이는 2000년의 54만 가구보다 무려 세 배 가까이 늘어난 수치입니다. 전체 가구 중 1인 노인가구가 차지하는 비중도 2000년 16.0%에서 2020년 19.6%로 꾸준히 높아지고 있죠.

성별로 보면 여성 1인 노인가구 비율이 압도적으로 높습니다. 2020년 기준 77.4%를 차지하고 있거든요. 연령대가 높아질수록 1인 가구 비율도 높아지는 추세인데, 80세 이상 노인의 경우 33.3%가 혼자 살고 있어요. 부부가 같이 살다가 한 사람이 사망하면 1인 가구가 늘어나는 것이죠.

지역별로는 대도시보다 중소도시와 농어촌에 1인 노인가구 비율이 높은 편입니다. 2020년 기준 도시 지역은 18.6%, 농어촌 지역은 24.6%입니다.

경제적인 면에서 1인 노인가구가 처한 상황은 참 안타깝습니다. 2018년 기준 65세 이상 1인 가구 60% 이상이 빈곤 상태에 놓여 있고, 월평균 소득도 전체 가구 평균의 절반밖에 안 된다고 하니까요.

건강 측면에서도 1인 노인가구는 여러 어려움을 겪습니다. 만성질환이나 우울증 유병률이 다인 가구 노인들에 비해 높게 나타나고 있거든요. 2020년 조사 결과에 따르면, 65세 이상 1인 노인가구 32.9%가 일상생활에 제한을 받을 정도로 신체 기능이 저하된 상태라고 합니다.

전문가들은 이런 1인 노인가구 증가 현상이 고령화의 빠른 진전, 배우자와의 사별, 가족관계 변화 등 여러 요인이 복합적으로 작용한 결과라고 분석합니다. 이들이 겪는 경제적 빈곤, 건강 문제, 심리적 고독감, 돌봄 부재 등은 한두 가지 정책으로 해결하기 어려운, 다차원적 접근이 필요한 문제들입니다.

10년 후, 노인돌봄 문제

2030년대 중후반에는 우리 사회의 고령화가 지금보다 훨씬 더 심화될 것으로 보입니다. 통계청의 장래인구특별추계에 따르면, 2035년 65세 이상 인구 비중이 전체의 30.5%에 이를 것으로 예측됩니다. 이는 열 명 중 세 명이 노인으로 2022년의 18.4%에 비해 큰 폭으로 증가한 수

치죠. 특히 85세 이상 초고령 인구는 2022년의 1.1%에서 2035년에는 3.1%까지 늘어날 것으로 전망됩니다. 전체 노인 열 명 중 일곱 명은 혼자 살거나 부부 둘이 사는데, 80세가 넘어가면 혼자 사는 비중이 늘어납니다. 이렇게 독거노인이 증가하면 노인돌봄 문제가 사회적으로 아주 중요한 문제가 될 것입니다.

물론 기술 발전이 노인돌봄 문제를 해결하는 데 있어 큰 역할을 할 것으로 기대됩니다. IoT^{Internet of Things} 기술과 웨어러블 디바이스^{wearable devices}의 발달로 노인의 건강 상태를 실시간으로 모니터링하고, 이상징후 발생 시 즉시 대응할 수 있을 것입니다. 스마트홈 기술의 진화로 음성이나 몸짓만으로 가전제품을 제어할 수 있고, 인공지능 로봇은 말벗이 되어주고 식사를 보조하는 등 노인돌봄을 실질적으로 도와줄 수 있을 겁니다.

또 컴퓨터 웹사이트나 휴대전화 애플리케이션을 통해 돌봄 서비스를 쉽게 예약하고 관리할 수 있는 플랫폼이 발달하면서 돌봄 효율성도 크게 높아질 거예요. 자율주행 기술의 상용화로 이동에 제약이 있는 노인들의 움직임이 훨씬 자유로워지고, VR^{Virtual Reality}과 AR^{Augmented Reality} 기술은 노인들의 인지 훈련이나 정서 지원에도 활용될 것으로 기대됩니다.

하지만 이런 기술의 발전에도 불구하고 해결하기 쉽지 않은 문제들이 있습니다. 대표적인 것이 노인빈곤 문제입니다. 아무리 기술이 발달해도 그것을 누릴 만한 소득이 없다면 소용이 없겠죠. 노년기 고독감이나 우울증 역시 기술로는 근본적 해결이 어렵습니다. 인간적 교감과 정서적 유대가 필수적이기 때문이에요.

전문적인 돌봄 인력의 부족 문제도 향후 상당 기간 지속될 것으로 보입니다. 아무리 로봇이 일부 기능을 대신한다고 해도 세심한 돌봄은 결국 사람의 몫이기 때문이죠. 그리고 첨단 의료기술이 발달해도 모든 노인이 그 혜택을 누리기는 쉽지 않아요. 서비스 접근성에 격차가 존재하고, 노인들의 디지털 활용 능력도 개인차가 크거든요.

경제적 여유가 있는 노인은 최첨단 기술을 활용한 양질의 돌봄 서비스를 받을 수 있겠지만, 그렇지 못한 노인들은 여전히 열악한 돌봄 환경에 놓일 수밖에 없습니다. 기술 혁신이 오히려 노년기 삶의 질의 양극화를 심화시킬 수도 있는 것이죠.

노인돌봄 문제에서 가장 중요한 대책은
무엇이라고 생각하나요?

6장

알리예프 아지즈

김기사처럼 택배 보조 로봇을 들이는 기사들이
늘어나고 있다. 회사에서 월 10만 원씩 보조금
을 지급하기 시작했기 때문이다. 회사 입장에서는 따로 상하차
인력을 두지 않아도 되니 차라리 보조금을 지급하는 것이 낫다.
거기다 인력 관리도 훨씬 쉬워진다. 그리고 보조 로봇을 들이면
기사 한 명당 처리하는 물량이 늘어나니 그 또한 회사 입장에서
는 좋은 일이다.

이런 연유로 김기사가 소속된 중랑캠프의 경우 모든 기사에게
택배 보조 로봇을 구독하도록 하고 구독 보증금을 무이자로 빌
려주기로 했다. 매달 구독료 보조금도 10만 원 지급한다. 기사 입
장에서도 보조 로봇이 있으면 무거운 생수 박스나 쌀 포대를 들
지 않아도 되고, 택배 물량도 30% 이상 더 감당할 수 있으니 구독

료 20만 원을 부담해도 남는 장사다.

그렇게 한 3개월 사이 중랑캠프 풍경이 바뀌었다. 캠프로 화물이 들어오면 회사의 하차 전문 로봇이 택배기사별로 물량을 쌓아놓는다. 그러면 기사와 택배 보조 로봇이 자기 트럭에 싣는다. 이제 택배기사들과 로봇들 외엔 사무실 직원 서너 명만 있을 뿐이다. 상하차를 담당하던 계약직들은 모두 사라졌다.

기사가 알리예프 아지즈를 본 건 그로부터 석 달 정도 지난 뒤 어느 토요일 저녁이었다. 중랑 장미축제는 꽤 이름이 높다. 중랑천변 공원길 한 2킬로미터 정도에 온통 장미를 심어 장미가 활짝 피는 5월마다 축제가 열리는데, 인파가 엄청나다. 산책로 곳곳에 노점들도 들어서서 오뎅, 떡볶이, 추러스, 케밥 등으로 사람들 호주머니를 노리고, 여기저기 난장이며 버스킹도 볼 만하다.

김기사도 오랜만에 호란과 장미길을 걸었는데 워낙 사람이 많아 금세 피곤해졌다. 아무래도 사람 많은 곳을 싫어하는 김기사라 인파에 치이는 게 힘들었다.

둘은 근처 음식점에서 저녁을 먼저 먹는 걸로 일정을 바꿨다. 어디 괜찮은 데가 있나 검색을 하는데 호란이 먼저 찾았나보다.

"여기 타슈켄트라는 우즈베키스탄 요리집이 새로 생겼는데, 괜찮다네. 거기로 가자."

"응? 우즈베키스탄? 난 한 번도 먹어본 적 없는데?"

"전에 동대문에서 한 번 먹었는데 샤슬릭이랑 플로프 시키고 샤이랑 콤포트랑 먹었는데 맛나더라."

"그래? 난 다 처음 들어보는 이름인데. 뭐, 경험치를 쌓는다고 생각하지. 그러자."

음식에 별다른 호불호가 없는 김기사는 호란이 하자는 대로 한다.

간판부터 '나 중앙아시아 요리점'이라는 듯하다. 들어가니 절반쯤은 중앙아시아 사람들이다. 한쪽에 자리 잡고 앉았더니 물컵과 메뉴판을 들고 오는데, 아는 사람이다. 알리예프 아지즈. 중랑캠프에서 상하차를 하던 이다. 한 6개월 같이 일하면서 나름 친했었다.

"아니 김기사 아냐?"

아지즈가 먼저 아는 체를 한다.

"아지즈! 여기서 보네. 반갑다."

김기사는 호란에게 말한다.

"전에 우리 캠프에서 일하던 알리예프 아지즈 씨."

"아, 안녕하세요."

"안녕하세요. 알리예프 아지즈입니다. 아지즈라 불러주세요."

아지즈는 중랑캠프에서 해고된 뒤 건설 노동자로 일하다가 여기 취업한 지 한 달 정도 되었다고 한다. 예전처럼 이주노동자 취업규정이 빡빡하지 않지만 그래도 취업을 못한 채 3개월이 지나면 한국을 뜨든지 해야지 아니면 불법 체류가 된다. 그런데 건설업 쪽은 무허가 업체가 많아 취업 인정이 되지 않는다고 한다. 그래서 벌이가 건설 쪽보다 낮은데도 여기 취업했다고, 묻지도 않는데 열심히 이야기한다. 혹시 다른 일자리 있으면 부탁한다고. 5인 이상 고용 사업장이라야 하는데 찾기가 쉽지 않다는 것이다.

"지방으로 가면 공장들이 많을 건데?"

아지즈는 고개를 도리도리 흔든다. 한번 그쪽으로 빠지면 서울로 돌아오기 힘들다는 것이다. 이제 1년만 더 일하면 가족도 초청할 수 있는데, 아이가 둘이라서 어떻게든 서울에서 버티며 자리를 잡고 싶다고 한다. 아내도 같이 벌면 생활비가 좀 비싸도 서울에서 살 수 있을 거라고, 아이들 교육 생각하면 서울이 낫다고 한다. 한국 사람 다 됐다.

"다른 사람들은 뭐해?"

아지즈 이야기론 모두 뿔뿔이 흩어졌다고 한다. 택배 상하차 하는 일이 사라지면서 새 직업 구하는 게 쉽지 않다고 한다. 그래서 지방으로 간 이들 중에는 아예 불법 체류를 택하고 임금 높은 곳에서 일하는 이들도 많다는 것.

"불법 체류하면 위험하지 않아?"

아니란다. 어차피 공장에서 먹고 자고 하니 누가 신고하기 전에는 걸리지 않는다는 것이다. 그렇게 한 5년 일해서 돈 모아 자기네 나라로 가는 게 목표인 사람들도 많단다. 아지즈처럼 한국에서 자리 잡으려는 사람과는 목적이 다르다는 것이다.

한 마디 물으면 워낙 열심히 말하는 아지즈 때문에 호란과 먹는지 아지즈랑 먹는지 헷갈릴 정도의 저녁식사를 끝내고 다시 장미축제로 간다. 해가 지니 사람이 좀 줄었다. 이 정도면 호란과 재미있게 걸을 수 있겠군.

산책로에도 외국인이 제법 있다. 중랑구는 봉제공장이 꽤 많다. 동대문 시장도 가깝고 세가 싸서 그럴 것이다. 그 봉제공장마다 절반 가까이가 외국인 노동자다. 토요일 저녁 오랜만에 쉬는 이들이 멀리 가기 어려우니 다들 여기로 왔나보다. 동남아 사람들과 중앙아시아 사람들로 붐비는 산책로다.

이주노동자

지금, 이주노동자

우리나라는 지난 30여 년간 해외 인력 도입을 통해 인력부족 문제를 해소해왔습니다. 1993년 산업연수생제도가 시작이었죠. 지금 이주노동자는 우리 경제에 없어서는 안 될 중요한 역할을 담당하고 있어요. 2021년 12월 기준 국내 체류 외국인 약 200만 명 중 취업 자격으로 체류 중인 이주노동자가 85만 명에 달합니다.

이주노동자들은 주로 중국, 베트남, 태국, 인도네시아, 우즈베키스탄 등 아시아 국가 출신이고, 제조업, 건설업, 농축산업, 어업, 서비스업 등 다양한 업종에서 일하고 있습니다. 이들은 힘들고, 위험하고, 더러운 일자리를 감당하면서 우리 경제의 버팀목 역할을 하고 있죠.

하지만 이주노동자 처우와 관련해서는 아직도 많은 과제가 남아 있어요. 2020년 국가인권위원회 실태조사에 따르면 이주노동자 36.4%가

임금 차별을, 30.7%가 근로시간 차별을, 23.8%가 위험한 작업 차별을 경험한 것으로 나타났습니다.

또 2020년 고용노동부 산업재해 통계를 보면, 전체 산업재해 사망자 중 이주노동자가 차지하는 비율이 14.6%에 달합니다. 전체 노동자 중 이주노동자 비율인 4.6%에 비해 아주 높죠.

이주노동자는 사회안전망의 사각지대에 놓여 있기도 합니다. 2019년 국민건강보험공단 자료에 따르면 이주노동자의 건강보험 가입률은 66.9%, 국민연금 가입률은 27.2%에 그칩니다. 게다가 산업재해로 다쳐도 신청 절차를 제대로 알지 못해 보상받지 못하는 일이 자주 있습니다.

고용 불안과 연계된 체류 불안정성 문제도 심각합니다. 2018년에는 한 농장주가 이주노동자를 불법 해고하는 사건이 발생했는데, 해고된 캄보디아 출신 노동자들이 갑작스러운 실직으로 체류 자격을 잃게 되어 강제 출국 위기에 놓이기도 했죠. 노동권 침해가 고스란히 체류권 박탈로 이어진 것이죠.

여기에 더해 이주노동자에 대한 사회적 차별과 편견도 아직 많습니다. 2019년 국가인권위원회 조사에서 국민 열 명 중 여섯 명가량이 이주노동자를 '불법체류자'로 인식하고 있는 것으로 드러났죠. 전문가들은 이주민을 향한 배타적 인식이 오랜 기간 개선되지 않고 있다고 지적합니다.

10년 후, 이주노동자

앞서 살펴본 대로 우리나라는 급격한 저출산·고령화 현상으로 인해 생산가능인구가 빠른 속도로 감소하고 있습니다. 통계청에 따르면 2021년 합계출산율 0.81명으로 세계 최저치를 기록했고, 2020년 기준 65세 이상 고령인구 비율은 15.7%로 이미 고령사회에 진입한 상태입니다. 이런 추세라면 2030년대 중후반에는 일할 사람이 아주 많이 부족해질 것입니다. 따라서 현재 전체 취업자의 약 3%인 이주노동자 비중이 2030년대 중후반에는 최소한 5-10%까지 증가할 것으로 예상됩니다.

이렇게 이주노동자가 갑자기 늘어나면 여러 가지 사회 문제를 낳을 수 있습니다. 다른 선진국을 보면 경제성장 속도가 느려지고 소득 양극화가 심해지면서 그것과 별 상관이 없는 이주노동자에 대한 반감이 커지는 경우가 많습니다. 나아가 정치권에서 반(反)이민 정서를 부추기는 극단적 주장이 힘을 얻으면서 사회갈등이 커지는 경우도 있죠. 우리나라도 이런 상황이 되지 말란 법이 없습니다.

급증하는 이주노동자를 보호할 제도적 장치가 미흡한 것도 문제입니다. 언어와 문화적 차이 등으로 인해 이주노동자의 권익 침해가 많아질 수 있거든요. 최소한의 안전장치 없이 위험 업무에 배치돼 크고 작은 사고가 반복되는 상황도 우려됩니다.

체류 자격을 놓고 사업주에게 종속되는 불합리한 구조도 개선이 시급해 보입니다. 예를 들어, 기업이 도산하면서 그곳에서 일하던 이주노동자들이 한순간에 미등록 체류자가 되는 일이 벌어질 수 있습니다. 생계를 위해 불법 일자리를 전전하다 열악한 근로 환경에 내몰리고 범죄에 노출되는 악순환이 반복될 수 있는 것이죠. 이런 일이 꼬리에 꼬리를 물면 여러 가지 심각한 부작용이 나타날 수 있습니다.

사회·문화적 문제도 걱정입니다. 2030년대에는 이주민 자녀 수가 현재의 두 배 이상으로 늘어날 텐데, 이들에 대한 교육 지원이 부족하면 학교 부적응, 학습 격차 등의 문제가 커질 수밖에 없습니다. 또 이주민이 증가하면서 지역사회에서 문화·종교 갈등이 불거질 수도 있어요. 가령 이슬람 사원 건립을 둘러싸고 찬반 주민 간 극심한 대립이 빚어질 수 있고요. 일부에서 반이민·반이슬람 정서를 자극하는 가짜뉴스가 확산되어 혐오 범죄로 이어질 수도 있습니다.

이주노동자 증가는 그들만의 소용 때문이
아니라 우리 사회가 유지되기 위해서도 필수적입니다.
여러분은 이주노동자 증가로 인해 예상되는 문제와
그것을 해결하기 위해 무엇이 가장 중요하다고
생각하나요?

7장

러시아
바이러스

트럭에 호란을 태우기도 처음, 호란이 기사 할머니를 뵈러 가는 것도 처음이다. 그런데 긴장한 건 호란이 아니라 기사다. 호란은 트인이랑 배보와 즐겁게 이야기 중이다. 기사가 얼마나 멍청한지 트인과 배보가 호란에게 일러바치고 있다.

하지만 기사는 그러든지 말든지 온통 신경이 할머니와 호란이 만날 일에 가 있다. 둘 다 서글서글한 성격이라 별다른 문제가 없을 것 같지만 그래도 할머니에게 여자 친구를 소개하기는 처음이다. 마음 여린 기사는 어제 먹은 컵라면도 소화가 안 된 느낌이다.

호란을 만난 할머니는 입꼬리가 귀에 걸렸다. 죽기 전에 기사 결혼하는 거 보는 게 가장 큰 소망이었는데, 그걸 이뤄줄 사람이 왔으니 왜 그렇지 않겠나. 게다가 호란은 생김새도 시원하고 말도 시원시원하게 하고 예의도 차릴 줄 안다.

할머니는 '기사가 복덩일 만났구먼. 이제 날만 잡으면 되겠어. 한 몇 년만 더 살면 증손주도 볼 수 있겠군' 생각하다가 마음을 다 잡는다. '너무 많은 걸 기대하면 안 되지. 암, 결혼하는 거라도 보면 원이 없겠네.'

셋은 공동주택 2층 태국식당에서 점심을 먹고 호란의 제안으로 옆에 있는 할랄푸드마켓에 들렀다. 호란은 대추야자, 병아리콩, 타히니, 카다멈 등의 식재료를 한껏 샀다. 중동요리를 좋아하는 줄만 알았는데 직접 만들 정도라고 한다. 그 중 말린 대추야자는 큰 것 한 봉지를 할머니에게 드셔보라며 드린다.

"아이고, 난 단 거 많이 못 먹는데."

"출출할 때 한두 개 드시면 좋아요. 친구분들과 나눠 드세요."

호란은 사람 좋은 웃음을 지으며 기어이 안긴다.

공동주택 건너편 카페에서 차를 한잔 마시기로 한다. 여기도 이주노동자가 태반이다. 그래서인지 TV는 전 세계 뉴스를 전하는 국제뉴스 채널에 고정되어 있다. 동남아에서 기후위기 시위가 한창이라는 뉴스 다음으로 러시아 이야기가 나온다.

정부에서 러시아와 우즈베키스탄 등 중앙아시아 사람들의 입국을 당분간 금지하기로 했다는 소식이다. 최근 러시아를 중심으로 신종 인수공통감염병이 번지고 있다는 건 이미 널리 알려진 사실이다. 예전의 코로나19랑 비슷한 증상을 보이는데 러시아와 동유럽, 그리고 중앙아시아를 중심으로 급속도로 퍼지고 있다고 한다. 세계보건기구WHO 보고에 따르면 시베리아 영구동토층이 녹으면서 1만 년 전에 죽은 사체도 같이 녹았는데, 이를 늑대가 먹어 늑대들 사이에 번졌고, 다시 늑대에게 상처를 입은 순록을 통해 순록 사이에 번졌고, 그 순록 고기와 젖을 먹은 사람에게 번지기 시작한 걸로 추정한다고 한다. 코로나19 초기처럼 전파속도가 워낙 빨라 다른 국가들이 러시아와 중앙아시아에 대해 문을 걸어 잠그는데 우리나라도 마찬가진 것이다. 일단 입국 금지는 석 달간이지만 사정이 악화되면 더 지속될 수 있다고 한다.

"그래서 아까 갈리예프 얼굴이 그렇게 어두웠구나."

할머니가 작게 한숨을 쉬었다.

"갈리예프가 누구예요?"

"그 할랄푸드 가게 점원 말야. 계산해주던."

"아, 그분이 갈리예프."

"이번 달로 한국에서 일한 지 만 5년이거든. 그럼 가족을 초청할 수 있다더라고. 그 사람이 러시아 사람이야."

"예? 이슬람인데?"

"러시아라고 이슬람이 없겠어? 어디라더라? 타타르 뭐라 했는데. 아, 타타르스탄. 그쪽은 다들 이슬람이라더라. 어쨌건 거기 출신이고 가족도 다 거기 산다더라고. 다음 달에 가족이 모두 온다고 그렇게 좋아했는데. 집도 구하고 세간도 미리 장만하고. 내가 가끔 갈 때마다 가족사진 보여주면서 자랑을 하더라고. 부인도 복스럽고 인상 좋고 애들도 귀엽고...."

"아, 그렇군요."

기사가 고개를 주억거린다.

"걱정이 꽤 되겠네요."

"할머니, 곧 풀릴 거예요. 너무 걱정하지 말라고 전해주세요."

"응? 호란 씨가 어떻게 알아?"

"지금 백신을 개발하고 있는데 예전과 달라서 개발 기간이 확 줄었거든요. 인공지능도 그렇고, 코로나19랑 코로나21도 겪어서 노하우도 쌓였고. 게다가 이번처럼 굉장히 급한 경우는 속도를 꽤 내나봐요. 그쪽에 있는 친구 얘기로는 아마 늦어도 3-4개월이면 백신이 나올 거라더군요. 백신만 나오면 입국 금지는 금방 풀릴 거예요.”

“오호 그래? 다행이네. 나중에 갈리예프에게 전해줘야겠네. 그
래도 자식이랑 마누라랑 오기만 손꼽아 기다렸을 텐데, 얼마나
조바심이 나겠어.”

“아무래도 그렇겠죠.”

“근데 사실 그 사람 걱정은 가족이 한국 오고 못 오고도 있지만
거기서 가족이 전염병에 걸리면 어떻게 하냐는 것도 있어. 거기
가 원래 유목민이 대부분이라 한 걱정이더라고.”

“거긴 인구밀도가 낮아서 그렇게 전염이 잘 되지 않아요. 서울
만 한 땅에 한 천 명 사는 곳이거든요. 전염병도 만나야 옮는 건
데, 사람 만날 일이 별로 없죠.”

“아, 그래? 호란 씨 참 아는 것도 많고 똑똑하네. 아유, 우리 기
사 참 좋겠다.”

돌아오는 차 안. 지는 해가 운전석 창을 통해 들어온다. 기사는
햇빛 가리개를 내리고 살짝 호란 쪽을 보며 머뭇대더니 말을 건
넨다.

“할머니 어땠어?”

"아주 멋진 분이던데. 시원시원하신 게 딱 내 스타일이더라."

"다행이다."

기사 얼굴이 핀다.

"거긴 그런데 정말 외국인이 태반이더라. 어디 외국인 줄 알겠어."

"그렇지? 나도 처음엔 적응이 안 되더라고. 노인들 빼면 동남아 사람들이랑 중앙아시아 사람들이 다야."

"아까는 할머니 앞이라 말하지 않았는데, 사실 러시아 바이러스 말고도 다른 유행병이 돌지도 몰라."

"정말?"

"응. 캐나다에서도 툰드라가 녹으면서 이상한 유행병이 돈다는 소문이 있어. 얼마 전에 친구가 말해준 건데, 미국 애들은 그게 더 겁나나 봐. 캐나다랑은 국경을 폐쇄할 수도 없잖아."

"그러네, 정말. 아이고, 세상이 어떻게 되는 건지."

"아직 확실한 건 아닌데 미국이랑 유럽이 바짝 긴장하고 있다더라."

"증상은 러시아 바이러스랑 비슷한데 완전히 같은 종류인지는 아직 잘 모르나 봐. 같은 종류면 백신 하나 개발하면 끝인데, 다른 종류면 또 말이 달라지거든."

"그러네. 백신을 두 종류 개발해야 하니."

"그것도 문제지만 만약 다르면 미국이랑 유럽은 캐나다 쪽 백신을 먼저 개발할 거야. 그러면 러시아 쪽 백신이 더 늦어질지도 몰라."

"아, 그게 또 그렇게 되는군."

"그렇지. 캐나다면 미국이랑 유럽은 바로 직통이거든."

인수공통감염병

지금, 인수공통감염병

인수공통감염병은 인간과 동물이 같은 병원체에 감염되는 것을 말합니다. 코로나19의 경우 인간뿐만 아니라 사슴, 코끼리, 박쥐 등 다양한 포유류가 감염된 것으로 알려져 있습니다. 사람만 걸리는 경우는 확산 속도도 늦고 예방이 비교적 용이하지만 다른 동물도 같이 감염되는 경우는 확산 속도도 빠르고 예방이 힘든 특징이 있습니다.

21세기에 접어들어 인수공통감염병 발생 건수 자체는 20세기와 큰 차이가 없습니다. 그러나 개별 감염병의 전파속도와 피해 규모는 더욱 커졌습니다. 사스, 조류인플루엔자, 신종인플루엔자, 메르스, 에볼라바이러스병, 코로나19 등은 과거 감염병들에 비해 훨씬 빠른 속도로 전 세계에 확산되었죠. 특히 코로나19는 첫 발생 후 1년 만에 전 세계 누적 확진자 수 8천만 명, 사망자 수 180만 명을 기록하며 그 피해 규모가 역대 최대 수준에 이르렀습니다.

이처럼 21세기 인수공통감염병의 전파속도와 피해 규모가 커진 데는 여러 요인이 복합적으로 작용했습니다. 먼저 세계화로 인해 국제 이동량이 급증한 점을 들 수 있어요. 비행기로 외국에 가는 사람 수가 1980년 약 6억 명에서 2019년 약 44억 명으로 크게 늘었습니다. 이로 인해 병원체가 빠르게 확산할 수 있는 환경이 만들어진 것이죠.

또 전 세계 인구가 1950년 약 25억 명에서 2023년 약 80억 명으로 증가하고, 도시화율도 같은 기간 29.6%에서 55.3%로 상승한 것도 주요 원인 중 하나로 꼽힙니다. 열대우림 지역 바로 부근까지 도시가 만들어지고 도시 인구가 증가하면서 인간과 야생동물의 접촉 기회가 늘었거든요.

여기에 지구 평균 기온이 산업혁명 이후 약 1.1°C 상승한 것도 원인으로 꼽힙니다. 열대·아열대 지역이 늘어나면서 이곳에 서식하는 인수공통감염병 매개체의 서식 범위가 늘어난 것이죠.

그리고 감염병 발생 건수는 크게 늘지 않았지만 이전에 없었던 새로운 인수공통감염병의 등장 횟수는 같은 기간과 비교해봤을 때 확연히 늘어났습니다. 기존 감염병의 경우 백신과 치료제가 준비되어 있지만 새로운 감염병은 아무 준비가 되지 않은 상태에서 맞부딪히게 되어 그 피해가 늘어날 수밖에 없었습니다.

새로운 감염병이 이전보다 더 자주 등장하는 원인으로는 앞서 지적한 것처럼 인간과 동물의 접촉 기회가 늘어난 것과 열대·아열대 지역의 확장 등이 꼽힙니다.

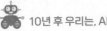

21세기 인수공통감염병은 개별 감염병의 전파속도와 피해 규모 면에서 훨씬 더 큰 위협이 되고 있습니다.

10년 후, 인수공통감염병

2030년대 중후반까지 기후변화가 현재 추세대로 진행된다면, 신종 인수공통감염병의 발생 빈도와 피해 규모는 더욱 커질 것으로 예상됩니다. 실제로 유엔환경계획UNEP, United Nations Environment Program(유엔 산하 기구 중 하나로, 환경에 관한 유엔 활동을 조정하는 국제기구)은 21세기 말까지 기온이 현재 추세대로 상승할 경우 인수공통감염병 발생 건수가 현재보다 최대 50% 증가할 수 있다고 경고했습니다.

기후변화는 다양한 경로로 인수공통감염병 발생 위험을 높입니다. 우선 기온 상승은 병원체와 매개체의 활동에 직접적 영향을 미칩니다. 모기와 진드기 등 감염병 매개체는 기온이 높아질수록 활동이 활발해지고 번식 속도도 빨라집니다. 지구 평균기온이 2°C 상승할 경우, 모기 개체수는 현재보다 최대 28% 증가할 것으로 추정됩니다. 이는 말라리아, 뎅기열, 지카바이러스감염증 등 모기 매개 감염병 발생 증가로 이어질 수 있습니다.

또 기후변화로 인한 생태계 교란은 인간과 야생동물의 접촉 기회를 늘려 인수공통감염병 출현 가능성을 높입니다. 서식지 파괴, 식량 부족 등으로 야생동물이 인간 거주지 근처로 침입하는 일이 잦아지면서 병원체

전파 위험도 커지게 됩니다. 실제 연구에 따르면, 지난 수십 년간 발생한 신종 인수공통감염병의 60% 이상이 야생동물에서 유래한 것으로 나타났습니다.

기후변화는 인수공통감염병의 확산 속도와 범위에도 영향을 미칩니다. 이상기후로 인한 홍수와 가뭄 등 자연재해는 감염병 유행에 취약한 환경을 조성하죠.

기후 온난화로 열대·아열대 지역이 확장되면서 이들 지역에 국한되었던 감염병이 새로운 지역으로 확산할 위험도 있습니다. 일례로 지카바이러스감염증은 기후변화로 인해 모기 서식지가 확대되면서 중남미를 넘어 미국과 동남아 등으로 급속히 전파된 바 있습니다.

특히 열대·아열대 지역의 감염병 위험이 더욱 커질 것으로 보입니다. 현재 추세대로 기온이 상승할 경우, 2100년에는 전 세계 인구의 약 50%가 모기 매개 바이러스의 위험에 노출될 것으로 예측됩니다. 열대 지역의 말라리아 발생률은 현재보다 16-28% 증가하고, 뎅기열 발생 인구는 현재의 두 배 수준인 약 60억 명에 이를 전망입니다. 이는 열대성 풍토병이 열대 지역을 넘어 전 지구적 보건 위협으로 부상할 수 있음을 시사합니다.

더 큰 문제는 기후변화로 인한 신종 인수공통감염병의 대규모 유행, 즉 팬데믹 위험이 높아지고 있다는 점입니다. 세계보건기구WHO는 향후 10년 내 코로나19와 같은 감염병 대유행 발생 가능성을 '매우 높음'으로 평가했습니다. 미국 국립알레르기·전염병연구소NIAID의 앤서니 파우치 박사는 "또 다른 팬데믹은 시간 문제"라고 경고하기도 했죠.

인수공통감염병에 대비하기 위해
가장 시급하게 해야 할 일은 무엇일까요?

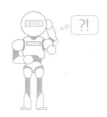

8장

갠지스강의 아이

"아, 주인, 또 길 헷갈리는 거 아니야?"

트인의 쇳소리에 기사는 눈살을 찌푸렸다.

"내가 언제 길을 헷갈렸다고 그래. 힘들게 운전하는 사람 좀 격려해줘 봐."

"에이, 그냥 나한테 맡기라니까."

"트인 님, 주인님 열심히 운전하는데 너무 타박하지 마세요~."

배보가 껴들며 한마디 하자 뒤지지 않고 깜냥이가 트인을 보며 '냐옹~' 하고 우는 소리를 냈다.

"저 꼬맹이까지 들었어? 내가 하도 많이 지적해서 깜냥이도 익숙해진 모양이야."

김기사는 핸들을 꽉 붙잡고 트인을 노려봤다. 때마침 빗방울이 차창을 때리기 시작했다.

"어우, 비까지 오네. 트인, 할머니 계신 공동주택까지 얼마나 남았어?"

디스플레이에 지도가 떴다. 80킬로미터 남았다. 평소라면 한 시간이면 도착하겠지만 비가 꽤 오는지라 시간이 조금 더 걸릴 듯하다. 그래 비까지 오는데 트인한테 좀 맡기자.

"그래 이제 교대하자, 트인."

"진작 그럴 것이지."

기사는 평소 택배 배달을 할 때는 트인에게 운전을 맡기지만 그 외의 경우에는 웬만하면 직접 운전을 하려고 한다. 뭐든 평소 에 단련하지 않으면 녹슨다고 생각하기 때문이다. 갑자기 트인 에게 이상이 생기거나 꼭 그렇지 않더라도 직접 운전해야 할 때 를 대비해 최소한 한 달에 한두 번은 직접 운전을 해서 감각을 살 려두려는 것이다. 하지만 오늘처럼 비도 오고 몸도 별로 좋지 않 을 때는 역시 맡기는 것이 낫다.

강지면에 들어설 때쯤 장에서 소식이 왔다.

"으으, 배가 살살 아프다. 트인, 저기 화장실 가까이 좀 세워줘. 배보야, 깜냥이 좀 봐줘."

"알겠습니다. 배고플 텐데 사료 좀 챙겨줄게요."

기사가 공원 화장실에서 급한 볼일을 마치고 차에 오르려는데, 멀리서 아이 하나가 허둥지둥 달려왔다. 약간 검은 얼굴. 큰 눈망울과 뚜렷한 이목구비를 보니 인도나 그 부근 출신인 듯하다. 아이가 기사를 향해 오는 걸 보고 배보도 다가왔다. 아이가 뭐라고 하는데, 영어도 아니고 알아들을 수가 없다.

"배보, 저 애 뭐라는 거야?"

"집 가는 길을 잃어버렸대요. 우리가 좀 도와주죠."

"아이고, 그러지 않아도 늦어서 할머니 기다리실 텐데. 일단 집이 어딘지 물어봐봐."

배보가 아이와 이야기를 한다. 배보와 트인은 전 세계 모든 말을 할 줄 안다.

"애 태우고 가죠. 공동주택에 산다네요."

"잘됐네."

배보는 뒷자리로 물러서고 아이를 조수석에 태웠다.

"Thank you so much, sir! 아저씨, 정말 감사해요!"

아이고, 애가 영어도 하는군. 아니 한국말도 하잖아? 이거 트인이 끼어들 차롄데. 아니나 다를까 트인이 한마디 한다.

"애가 주인보다 낫군. 영어에 한국어에."

"됐고, 애 이름은 뭐래? 아니, 이 정도는 알아듣나? 왓츠 유어

네임?"

아이가 기사 얼굴을 보고 웃으며 말한다.

"아베드."

"아베드?"

"라만 아베드. 잇츠 마이 네임."

"오, 아베드, 굿 네임."

살뜰한 편도 아니고 말주변도 좋지 않은 기사는 그 정도로 말을 끝내고 운전을 시작했다. 하지만 뒷자리의 배보, 가만 있을 녀석이 아니다. 택배를 배달할 때도 길에서 만나는 아이마다 말을 거는 녀석이 아니던가. 알고보니 아베드는 방글라데시 출신이란다. 인도나 방글라데시나 거기서 거기 아닌가?

아베드와 배보는 뭐라고 계속 이야길 한다. 배보는 아베드랑 이야기하는 중간중간 기사에게도 무슨 얘긴지 알려준다. 참 오지랖은 호란 씨 저리 가라다.

배보가 전해준 말에 의하면, 아베드네 가족은 방글라데시에서도 갠지스강 하구 부근에서 사탕수수 농사를 꽤 크게 지었다고 한다. 그래서 아베드도 어려서부터 나름 교육을 잘 받았다고 한다. 영국 식민지였던지라 학교에서 영어를 꽤 열심히 배웠다고 한다.

그런데 3-4년 전부터 갠지스강물 염분이 높아졌다고 한다. 전

세계적 현상이라고, 모두 기후변화로 인한 해수면 상승 때문이라고 묻지도 않았는데 트인이 알려준다. 그래서 사탕수수 농사를 짓지 못하게 되었다는 것이다. 농사짓던 땅을 팔려고 해도 사려는 사람이 없고, 다른 농사를 지을 수도 없었다고. 결국 아베드네 가족은 치타공이라는 항구도시로 이사를 했단다. 거기서 어찌어찌 방 한 칸을 얻어 가족 네 명이 살면서 여기저기 일자리를 알아보았는데 구할 수가 없었다고 한다.

묻지도 않았는데 다시 트인이 알려준다. 지금 방글라데시는 기후변화로 농사를 짓지 못해 인근 대도시로 유입된 기후난민이 200만 명을 넘어섰다고.

"일자리가 있을 리 있겠어. 방글라데시뿐만이 아냐. 인도랑 태국, 미얀마, 파푸아뉴기니. 거기다 아프리카랑 중남미까지 기후난민이 3천만 명 정도 생겼어. 그래서 선진국들이 기후난민을 국가별로 일부 수용하기로 했지. 우리나라는 방글라데시를 택했고. 이유야 여러 가지 있겠지."

어쨌거나 그래서 아베드네 가족도 난민 신청을 했고 다행히 선정되었다는 거다. 1차로 1천 명이 와서 난민 수용소에 거주하고 있었는데 2차로 온 아베드네는 수용소에 자리가 없어서 할머니가 계시는 공동주택에 살게 되었다고 한다. 벌써 3개월이 넘었단다.

"어, 그런데 저번 달에 갔을 때 방글라데시 사람들 못 봤는데?"

"그거야 할머니가 사시는 동쪽이 아니라 반대편 이주노동자들 입주한 곳에 사니까 그렇지."

그것도 모르냐는 듯 트인이 타박이다.

얼추 다 와가는데 아베드의 얼굴이 어두워진다. 배보가 눈치를 살피더니 뭐라고 다시 이야기한다. 아베드가 오른손에 든 5만 원짜리 지폐를 보여준다.

아베드가 오늘 어떤 할머니에게 받은 거란다. 전에 몇 번 학교에서 봤던 분인데 난민 생활하는 게 안쓰러웠는지 용돈하라며 쥐여준 돈이다.

"그래? 누가 뺏어갈까봐 걱정하는 거야? 아님 뭘 사 먹을지 고민하나?"

"아이고, 생각하는 거 하고는. 아베드는 저 돈을 부모님께 드리려는 거야. 방글라데시에 살 때는 저 정도 돈이면 열흘은 일해야 버는 돈이거든."

트인이 타박이다.

"그럼 드리면 되지 뭐가 문제야?"

"전에도 비슷한 일이 있었는데 아버지가 싫은 표정을 하셨나봐. 다음에는 받지 말라고 하셨대. 난민이라고 동정받는 것 같아서 기분이 나쁠 수 있지. 꽤 자존심이 센 분인가봐."

"그럼 드리지 않고 아베드가 쓰면 되잖아."

"아이고, 집안 형편을 생각하면 꼭 드리고 싶으니까 그런 거지. 난민 생활이 방글라데시보다야 낫지만 그래도 힘들지 않겠어. 어째 생각이 아베드만도 못하냐?"

"그런가? 흠, 그러니까 그 돈을 아버지한테 드리고는 싶은데 아버지 기분은 나쁘지 않았으면 좋겠다는 거지?"

이제 모퉁이만 돌면 바로 공동주택인데 좋은 생각이 떠오르지 않는다. 기사는 차를 잠깐 세웠다. 뭔가 해결책을 마련해서 보내고 싶었다.

"내가 줬다고 하면 안 될까?"

"주인이 왜 줘? 차까지 태워주고. 그리고 주인이 주면 뭐가 달라지는데?"

"그런가?"

"아, 주인이 줬다고 하면 되겠다."

"방금 안 된다며."

"그러니까 줄 이유를 만들면 되잖아. 주인 할머니를 아베드가 도와드린 걸로."

"도와준 적이 없잖아."

"할머니가 강지천에서 갑자기 다리에 힘이 빠져서 주저앉았는데 아베드가 부축을 해드리고, 공동주택에 연락해서 무사히

오게 되었다고 하면 되지 않겠어. 그래서 주인이 고마워서 용돈 좀 챙겨준 걸로."

"오, 괜찮은 생각인데. 그런데 이렇게 거짓말을 해도 돼? 아베드는 아직 앤데. 그리고 넌 인공지능이잖아. 이거 윤리에 어긋나는 거 아냐?"

"물론 내가 할 순 없지. 거짓말이니까. 하지만 주인은 인간이니까 괜찮잖아? 그리고 시간 순서가 반대긴 하지만 아베드가 할머니를 이제부터 도와드리면 되지. 학교 끝나고 할머니 댁에 가서 심부름도 하고, 재활용 쓰레기 분리해서 버리는 것도 대신 하고. 돈 준 분도 다른 분이긴 하지만 마침 할머니셨고."

"나쁘지 않네. 아베드한테 어떠냐고 물어봐."

"아베드도 좋다는데요."

배보가 말하지 않아도 아베드 얼굴이 밝아지는 게 보였다.

기후난민

지금, 해수면 상승으로 인한 삼각주 피해

해수면 상승은 전 세계 삼각주 지역에 현재도 영향을 미치고 있습니다. 지구 온난화로 인해 빙하와 빙상이 녹으면서 바닷물 부피가 늘어나고, 열팽창으로 인해 해수면이 높아지고 있기 때문이죠. IPCC(기후변화에 관한 정부간 협의체)에 따르면, 1901년부터 2018년까지 전 지구 평균 해수면이 약 20센티미터 상승했습니다.

방글라데시의 경우, 해수면 상승과 강한 열대성 저기압으로 인해 해안 침식과 홍수 피해가 급증하고 있어요. 수도 다카 남서쪽에 있는 다울라트칸 마을은 지난 25년 동안 해안선이 무려 200미터나 내륙으로 밀려들었습니다. 마을 주민 600여 명은 결국 고향을 떠나 인근 도시로 이주해야 했죠. 소금기 침투로 인해 농작물 피해도 늘고 있고요. 샤트키라 지역 농민들은 논에 바닷물이 스며들어 벼 수확량이 최대 50%까지 감소했다고 토로합니다.

　베트남 메콩 삼각주에서도 해수면 상승의 영향이 뚜렷이 나타나고 있습니다. 벤째성의 냉쭈옌 마을은 바닷가에서 5킬로미터나 떨어진 내륙에 위치했지만, 지난 10년간 해안선이 마을 경계까지 밀려왔습니다. 주민들은 제방을 쌓아 바닷물을 막아보지만 역부족이에요. 매년 몇 차례씩 마을이 침수되어 농경지와 양식장에 큰 피해를 입고 있습니다. 메콩강 하구의 많은 섬이 침식되거나 아예 사라지기도 했어요. 최근 30년 동안 침식으로 인해 500제곱킬로미터 이상의 토지가 유실되었다고 합니다.

　이집트 나일강 삼각주 역시 해수면 상승으로 고통받고 있습니다. 최근 연구에 따르면, 지난 30년간 로제타 지역 해안선이 연평균 8.3미터씩 내륙으로 밀려들었다고 해요. 해수면이 65센티미터 상승할 경우 나일강 삼각주 전체 농경지의 약 30%가 침수될 것으로 예상됩니다. 또 염분 침입으로 인해 농작물 수확량이 최대 50% 감소할 수 있어요.

　해수면 상승은 삼각주 지역 연안 생태계에 심각한 영향을 미치고 있습니다. 맹그로브숲, 습지, 산호초 등은 해수면 상승에 매우 취약합니다. 방글라데시의 순다르반 맹그로브숲은 세계 최대 규모를 자랑하지만, 염분 농도 증가와 침수 피해로 인해 급속히 훼손되고 있습니다. 지난 15년 동안 순다르반의 맹그로브숲 면적은 약 200제곱킬로미터나 감소했어요. 맹그로브숲은 탄소 흡수, 해안 보호, 수산자원 제공 등 중요한 역할을 하는데, 이를 잃게 되면 생태계 전체가 위협받게 되겠죠.

　베트남 메콩 삼각주의 캉주 연안 습지 역시 빠르게 사라지고 있습니다. 최근 연구에 따르면, 지난 20년 동안 이 지역 습지 면적이 약 70% 감소했다고 합니다. 습지는 다양한 동식물의 서식지일 뿐 아니라 홍수 조절과 수질 정화에도 큰 역할을 하죠. 습지 손실은 메콩 삼각주의 생태계 건강성을 위협하고 있습니다.

이집트 홍해 연안의 산호초도 해수면 상승과 해양 산성화로 인해 큰 피해를 입고 있습니다. 산호초는 해양 생물다양성의 보고로 불리는데, 수온 상승과 백화현상으로 인해 급속히 훼손되고 있습니다. 홍해의 산호초 면적은 지난 20년 동안 약 30% 감소했어요. 산호초 손실은 어업자원 고갈로 이어져, 연안 지역 주민들의 생계에도 직접적인 타격을 주고 있죠.

해수면 상승은 삼각주 지역의 인프라에도 심각한 위협이 되고 있습니다. 방글라데시 치타공 항구는 해수면 상승과 강한 폭풍우로 인해 잦은 침수 피해를 겪고 있죠. 항만 시설 보수에 매년 수천만 달러의 비용이 든다고 합니다.

베트남 메콩 삼각주 남부 지역은 해수면 상승으로 인해 주요 도로와 교량이 침수되는 일이 잦아졌어요. 통행이 제한되면서 물류 운송에 큰 차질이 빚어지고 있습니다. 많은 가정집과 공공건물도 해일과 침수 피해에 노출되어 있습니다.

해수면 상승으로 인한 삼각주 피해로 해마다 수만 명의 이재민이 발생하고 있습니다.

10년 후, 해수면 상승과 기후난민

2030년대 중후반까지 해수면이 지금처럼 계속 높아진다면, 삼각주 지역은 지금보다 더 큰 피해를 입을 것입니다. 방글라데시는 2050년까지 국토의 최대 18%가 물에 잠길 수 있다고 해요. 상상해보세요. 국토의 거의 5분의 1이 물에 잠긴다는 얘기입니다.

게다가 해안선 침식이나 삼각주 토양 유실로 인해 경작지나 사람이 살 수 있는 땅도 크게 줄어들 거예요. 농사짓기가 점점 더 어려워지겠죠. 바닷물이 땅으로 스며들면서 토양의 염분 농도가 높아질 테니까요. 그러면 농작물 피해가 커지고 농업 생산성이 크게 떨어질 수밖에 없어요. 안전한 식수를 구하는 것도 큰 문제가 될 것입니다. 지하수와 지표수의 염분 농도가 높아지면서 마실 물을 구하기가 많이 힘들어질 테니까요.

이런 상황에서 기후난민이 엄청나게 늘어날 것이라는 건 불 보듯 뻔합니다. 삼각주 지역에서 수천만 명의 사람들이 살 곳을 잃게 되어 방글라데시, 베트남, 이집트 같은 나라에서 이주민이 급증할 거예요. 하지만 대규모 이주는 여러 가지 문제를 낳을 수 있어요. 유입지에서 자원 부족, 일자리 경쟁 등으로 인한 사회적 갈등이 생길 수 있거든요. 또 난민들 대부분은 가난하고 질병에 노출되기 쉬운 상황에 처할 텐데, 안전한 거처를 구하기도 어렵고 의료 서비스를 받기도 많이 어려울 것입니다.

그리고 삼각주 지역의 농업과 어업 같은 주요 산업 기반이 무너지면, 그곳에 살던 주민들의 생계도 심각한 위협을 받게 될 거예요. 삼각주 지역은 쌀이나 밀 등 주요 곡물의 주요 생산지인데, 이곳의 농업 피해로 인해 세계 식량 공급에 차질을 빚게 되고 결국 식량 가격도 크게 오를 것입니다.

식량 가격이 오르면 개발도상국과 저개발국의 빈곤이 더 심화되겠죠. 식량을 사는 데 돈을 더 많이 쓰게 되면, 의료나 교육 같은 기본 필요를 채우기가 점점 어려워질 테고요. 만성적인 식량 공급 불안정과 끝없는 가난은 개발도상국 사회를 더욱 불안하게 만드는 요인이 될 것입니다.

게다가 개발도상국의 경제·사회 발전마저 더뎌질 수 있어요. 식량 위기에 대응하는 데 많은 자원을 쏟아붓게 되면, 다른 분야에 투자할 여력이 줄어들 테니까요. 빈곤, 기아, 질병 등 당면한 문제를 해결하기도 버거운데 미래를 위한 투자는 엄두조차 내기 어렵겠죠. 결과적으로 선진국과의 격차는 점점 벌어지게 될 것입니다.

해수면 상승에 따른 다양한 문제가 지금보다 더
심각해지지 않도록 하기 위해 개인이 할 수 있는 일에는
많은 한계가 있습니다. 그럼에도 불구하고 우리가
할 수 있는 일에는 어떤 것들이 있을까요?

9장

"말라리아만
문제가 아냐"

차를 내리려는데 트인이 한마디 한다.

"주인, 마스크!"

"아, 깜빡했네. 땡큐."

기사는 윗주머니에서 마스크를 꺼내 썼다.

"근데 이게 말라리아에 도움이 되나?"

"예방엔 도움이 안 되지만 시비를 방지하는 데는 도움이 돼."

트인 현명하군.

배보는 미리 내려 트럭 옆문에서 택배를 꺼내고 있다.

"주인, 여기 택배 두 개 맞죠? 생수는 내가 가지고 갈게요."

배보는 기사에게 택배 상자 두 개를 건네주고 자신은 2리터짜리 생수 열두 개 묶음 두 개를 든다. 이쪽 동네는 골목이 좁다. 차가 들어갈 순 있지만 잘못하면 다른 차와 시비가 붙을 가능성이 크다. 힘들어도 걸어가는 게 낫다.

기사가 든 택배 상자는 부피는 있어도 다행히 무겁진 않았다. 한쪽 어깨에 두 개를 얹고 가는데 전화가 왔다. 손목 밴드를 턱으로 쳐서 받는다.

"할머니, 미안한데 나 지금 배달 중. 좀 있다 내가 전화할게."

할머니가 말을 꺼내기도 전에 기사가 먼저 말한다.

"어, 미안. 알았어."

골목 모퉁이를 돌아 다세대주택 정문을 지나쳐 한쪽 옆 쪽문. 계단 두 개를 내려가면 좁은 통로 한쪽으로 반지하 문 세 개가 나란히 있다. 가운데 문 옆에 배보가 생수 두 묶음을 놓고 사진을 찍는 사이 기사는 첫 번째 문 옆에 택배 상자를 두고 사진을 찍었다.

돌아오는 길에 할머니에게 전화를 한다.

"할머니, 왜?"

"지금 바쁘지 않니? 내가 괜히 전화해서."

"아냐. 지금은 괜찮아. 뭔 일이야? 생전 낮에는 전화 안 하는 할머니가."

"응, 딴 게 아니라 좀 마음 쓰이는 일이 있어서."

할머니 이야기로는 그 동네에 말라리아가 돈다고 한다. 공동주택에 같이 사는 사람 손주가 초등학교 2학년인데 말라리아에 걸려 죽다 살아났다고 하셨다.

할머니가 사는 공동주택은 총 세 개 동으로 되어 있다. 1동과 2동은 6층짜리 건물로 나란히 양쪽에 마주하고 있고, 그 두 동을 잇는 가운데 건물은 3층이다. 1동엔 주로 노인분들이 살고 2동엔 이주노동자와 난민 들이 산다. 가운데 건물 3층엔 커뮤니티센터와 체력단련실, 2층엔 태국음식점과 할랄푸드 판매점, 1층엔 관리사무실과 보건실이 있다.

그런데 할아버지 한 분이 3층 체력단련실과 커뮤니티센터에 외국인 출입을 금지하자고 주장한다는 것이다. 당연히 1동에도 드나들지 못하게 하고. 말라리아는 원래 동남아에서 유행하는 것이니 동남아 사람들이 드나들면 말라리아 감염 우려가 있다는 거다. 할머니는 그 할아버지가 평소 예의도 없고 목소리도 커서 싫었다고 하셨다. 그래서 일단 반대부터 하고 봤는데, 공동주택 노인들이 자연스럽게 그 할아버지 쪽과 할머니 쪽으로 의견이 갈렸다는 것. 그래서 모레 회의를 해서 정하기로 했는데, 가만 생각해보니 그 할아버지 말이 아예 틀린 것 같지는 않은 것 같아서 손주에게 전화를 했다는 것이다.

기사는 차에 앉아 잠시 쉬면서 생각했지만 뾰족한 방도가 떠오르진 않았다.

"할머니, 그거 쉽지 않은데."

그때 트인이 끼어든다.

"말라리아는 말야, 모기가 옮기는 거지 사람이 옮기는 게 아냐. 사람 막는다고 되는 게 아니지."

"어? 정말?"

"그럼. 그래서 마스크 쓰는 것도 별 소용이 없어."

"할머니, 말라리아는 사람이 옮기는 게 아니래. 사람 막는다고 되는 거 아니라고 하네."

"그래? 그럼 그 할배 하는 이야기가 전혀 말도 안 되는 거네. 그런데 내가 내일 그렇게 말해도 그 할배 들어먹지도 않을 텐데. 그 할배 남 무시하는 데는 도가 텄거든. 아주 싸가지여. 거기다 자기가 불리하면 막 고함부터 지른다니까."

트인이 다시 끼어든다.

"할머니, 거기 1층 보건실에 담당자 있죠? 그분에게 회의에 와서 말라리아에 대해 설명해달라고 하면 어떨까요? 아니면 주변 의원 의사에게 좀 와달라고 해도 괜찮을 거 같은데요. 전문가 말이라면 할아버지도 더는 뭐라 못하시지 않겠어요?"

"오, 그러네. 보건실에 일주일에 한 번씩 오는 의사 양반이 있는데, 그분에게 부탁하면 되겠다."

회의 다음 날 할머니에게 전화가 왔다. 아주 신난 목소리다.

회의에 의사가 와서 말라리아는 모기가 옮기는 거지 사람이 옮기는 게 아니라고, 마스크를 쓰는 것도 말라리아에는 도움이 안 된다고, 동남아 사람 출입 금지한다고 모기도 출입 금지되는 건 아니니 아무 소용이 없다고 말해주었다고 한다.

그 할아버지가 그래도 동남아 모기니 동남아 사람들한테 많을 것 아니냐고 한마디 했는데, 의사 말이 동남아 사람들은 자기네 땅에서도 말라리아 때문에 골치가 아프기 때문에 모기 처치에 아주 진심이라고, 강지면에서 말라리아 모기가 가장 적은 곳이 2동일 거라고 했단다.

의사가 할머니가 사는 공동주택에 방문한 진짜 이유는 백신 때문이라고 했다. 말라리아에 걸리지 않으려면 예방주사를 맞는 게 가장 좋은데, 문제의 그 할아버지를 포함해 1동 사람들 몇 명이 예방주사를 맞지 않겠다고 버티고 있다는 말이었다. 그래서 예방주사를 맞아야 한다고 이야기하려고 왔다는 것이다. 이왕 온

김에 주사도 다 놔주고 가겠다고 해서 그 할아버지랑 같이 주사 안 맞고 버티던 이들이 꼼짝없이 예방주사를 맞았다고 한다.

그 얘길 나중에 호란에게 했더니 간호사답게 말한다.

"말라리아만 문제가 아냐. 말라리아에 가장 많이 걸리긴 하지만 그거 말고 뎅기열도 있고 콜레라도 있어. 아직 본격적이진 않지만 제주도 같은 경우는 기후조건이 이미 완전 아열대라 위험하거든. 그쪽 친구 얘기론 출입국 관리할 때 엄청 신경 쓴다고 하더라고. 그리고 할머니 계신 곳도 남쪽이잖아. 남해안 대부분이 문제가 될 수 있어."

한반도 아열대화

지금, 한반도 아열대화 현황

요즘 우리나라 남해안이 점점 아열대 기후로 변하고 있다는 얘기를 많이 듣습니다. 여러 연구 결과를 보면 이게 실제로 일어나고 있는 현상이라는 것이 확인됩니다.

지난 30년 동안 남해안의 연평균 기온이 꾸준히 올라 0.6도나 높아졌다고 하죠. 이런 온도 상승으로 인해 아열대 기후대가 점점 북쪽으로 확장되어 이미 남해안 상당 부분이 아열대 기후 특성을 보이고 있습니다. 제주도에서만 보이던 야자수가 남해안에서 자라기 시작했고, 아열대 바다의 특징인 산호도 제주 남쪽 해안에서만 발견되었는데 요사이엔 남해안 대부분에서 발견됩니다. 제주도와 남해안 일부는 아예 아열대 기후로 분류되기까지 하죠. 1970년대와 대비해 한국의 아열대 기후 면적은 약 세 배 증가했습니다.

이런 변화는 농업에도 영향을 미칩니다. 남해안에서 망고, 파파야, 바나나 같은 아열대 작물을 키우는 게 가능해졌거든요. 제주도는 석류나 용과 재배 면적도 점점 늘어나는 추세라고 하고요.

해양 생태계에도 변화가 나타나고 있어요. 남해안 바다에서 흰꼬리상어, 청새치 같은 아열대성 어종이 자주 발견된다고 해요. 육지의 산림 생태계도 예외는 아닙니다. 난대림이 점점 북쪽으로 올라오고 상록활엽수의 분포 범위가 넓어지면서 남해안 지역 산림 모습이 점점 달라지고 있습니다.

이런 변화가 만드는 문제점은 상당합니다. 아열대성 병해충이 늘어나면서 농작물과 산림에 피해를 주는 일이 증가하고 있거든요. 갈색날개매미충이나 꽃매미 같은 해충이 점점 북쪽으로 올라오는 게 문제가 되고 있습니다.

그뿐만 아니라 아열대화는 집중호우나 태풍 같은 이상기후 현상을 더 자주, 더 강하게 만드는 요인이 됩니다. 남해안 지역의 자연재해 위험이 점점 커지고 있다고 할 수 있겠죠.

전문가들은 이런 남해안의 아열대화가 지구온난화로 인해 앞으로 더욱 뚜렷해질 것이라고 전망합니다. 그리고 이는 우리만의 문제가 아닙니다. 전 세계 대부분의 온대지역에서 이런 아열대화 현상이 나타나고 있습니다. 미국 플로리다 남부의 경우 아열대 기후 면적이 약 50% 증가했습니다. 일본도 아열대 야자수의 북방한계선이 약 200킬로미터 북상했습니다. 중국도 아열대 작물 재배 가능 지역이 점점 올라오고 있으며, 이탈리아 로마는 지중해성 기후에서 아열대성 기후로 변화하고 있습니다.

2030년대 중반이 되면 우리나라는 지금과 상당히 다른 기후 환경에 직면할 것으로 예상됩니다. 현재의 온난화 추세가 지속된다면 한반도 대부분이 아열대 기후대에 속하게 됩니다. 이는 폭염, 열대야, 집중호우, 가뭄 등 이상기후 현상의 빈도와 강도가 크게 증가함을 의미하는데요. 그 영향은 국민 건강, 경제활동, 생활환경, 식량 및 수자원 등 우리 삶의 거의 모든 영역에서 나타날 것으로 분석됩니다.

건강 측면에서 가장 우려되는 것은 폭염과 열대야로 인한 취약계층의 건강 피해 증가입니다. 노인, 어린이, 만성질환자 등은 온열질환에 특히 취약하죠. 열대 질병을 옮기는 모기나 진드기 같은 해충이 늘어나면서 감염병 확산 위험도 높아질 전망입니다.

경제에 미치는 영향도 만만치 않으리라 예상됩니다. 냉방 수요가 급증하면서 에너지 비용 부담이 가중될 것입니다. 농작물의 재배 적지 변화, 병해충 증가, 가뭄 등으로 인한 농업 생산성 저하는 농가 경제에 직격탄이 될 수 있습니다. 수온 상승과 해양 생태계 교란은 수산업에도 타격을 줄 것으로 보이고요. 이상기후로 인한 자연재해 피해 증가는 사회간접자본 훼손, 생산 차질 등을 초래해 경제 전반의 불확실성을 키우는 요인이 될 것입니다.

기후변화는 우리 일상생활에도 상당한 변화를 가져올 것입니다. 무더위를 피하기 위해 실내 활동이 늘어나면서 주거 형태나 생활 양식이 달라질 수 있겠죠. 야외활동이나 레저 문화도 변화를 겪을 것으로 보이고요.

국지성 집중호우와 태풍 등으로 인한 자연재해 피해 증가는 심리적 불안감을 높이는 요인도 될 수 있습니다.

식량 및 수자원 부문에서도 적신호가 켜질 것으로 우려됩니다. 농업 생산 기반의 변화, 국제 곡물 가격 불안정 등은 안정적인 식량 확보를 어렵게 만드는 요인이 될 수 있습니다. 강수 패턴 변화와 물 수요 증가로 인해 수자원 부족 문제도 대두될 것으로 보입니다. 이는 지역 간, 용도 간 물 분쟁을 야기하는 원인이 될 수 있습니다.

태백산맥이나 지리산 등과 같은 산악지역을 제외한
우리나라 대부분이 아열대성 기후가 되는 미래,
여러분은 어떤 변화가 가장 크게 다가올 것 같나요?

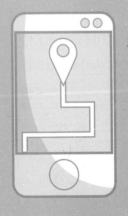

10장

노인과 어린이

오랜만에 일찍 일이 끝난 기사는 집에서 저녁을 먹고 잠시 산책을 할 겸 원룸을 나왔다. 기사네 집에서 우림시장 오거리까지는 500여 미터 거리. 원룸 건물을 나와 편의점을 끼고 돌면 우림시장까지 쭉 내리막길이다. 그 중간쯤에서 안쪽으로 살짝 걸어 들어가면 망우초등학교가 있고, 그 뒤편으로 망우산과 이어지는 산책로가 나온다.

망우초등학교 쪽으로 걸음을 옮기는데 예전 분위기가 아니다. 망우초등학교 한쪽에서 한창 공사가 진행 중이다. 운동장과 교사 한 동이 있던 자리를 둘러싼 공사장 가림벽에는 '망우초등학교 내 망우노인종합복지관 건설 중'이라는 표지가 있다.

"언제부터 공사 중이었지? 난 처음 보네."

배보가 그것도 몰랐냐는 듯한 눈길을 보낸다. 얘가 요새 트인

125

을 닮아간다.

"주인, 두 달 전부터 공사 중이었어요."

"저기 공사 하는 곳에도 건물이 하나 있지 않았어? 방학도 아니고 거기 애들은 어디서 공부하나?"

"아이고, 사정을 하나도 모르시네. 요새 초등학교마다 애들이 없어서 난리예요."

"아, 그런가? 하긴 요새 애들 수가 엄청 줄었다며?"

"네, 망우초등학교만 해도 10년 전에는 전교생이 600명이었는데 지금은 400명밖에 안 돼요. 학년마다 반이 하나씩 줄었어요."

"그럼 저쪽 건물은 그동안 비어 있던 거야?"

"대충 그렇겠죠? 그래서 그쪽 건물에 노인종합복지관을 세운다더라고요."

"그래? 하긴 빈 건물로 그냥 두는 것보다야 낫겠네. 그런데 운동장은 왜 파는 거야?"

"운동장 지하에 공영주차장을 만드나봐요. 겸사겸사 새로 짓는 건물 지하에 체육센터도 만든다더라고요. 수영장이랑 피트니스센터도 들어선다고 해요."

"그렇군. 주차하기 좀 편해지겠네."

"주인, 주차도 주차지만 피트니스센터 들어서면 주인도 등록

해서 운동 좀 하세요.”

“아이고, 택배만 해도 힘들어.”

“몸은 젊어서 잘 관리해야 해요. 그렇지 않아도 요새 주인 보면 살은 찌지 않았는데 배만 볼록 나온 게 좀 그렇더라고요.”

“너까지 그러냐. 트인이랑 호란이한테 지청구 듣는 것만 해도 귀에 딱지가 생겨.”

“그렇게 이야길 해도 주인이 아무 운동도 안 하니까 그렇죠.”

“지금 산책하는 것도 운동이다, 너.”

“주인, 걷는 건 택배 배달로 충분해요. 하루 2만 보 정도 걷잖아요. 중요한 건 근력운동이죠. 특히 코어 운동을 열심히 해야….”

“오케이 오케이. 센터 생기면 등록할게. 하면 되잖아.”

괜히 말을 붙여가지곤.

망우초등학교 담을 따라 조금 더 걷자 데크^{deck}(걷기 편하게 산이나 습지 등에 설치한 나무구조물)다. 낙엽이 데크 여기저기 조금씩 쌓여 걸을 때마다 바삭거리는 게 나쁘지 않다. 양쪽 나무들이 그늘을 만들어 좀 전보다 서늘한 느낌이다.

“바람막이로는 조금 차네.”

"주인, 여기."

배보가 어느새 핫팩을 손에 쥐여준다.

"어? 대단한데?"

"기온이 좀 내려갈 거 같더라고요."

"땡큐. 그런데 아까 거기 노인복지관 짓는다고 했지? 저기 금란교회 쪽에도 노인복지관이 하나 있지 않나?"

"애들은 줄지만 노인은 늘고 있어서요. 거기 노인복지관으로는 수요를 감당할 수 없다고 하네요. 여기만 아니라 저기 서일대학 쪽에도 새로 하나 지어요. 거기도 초등학교 부지에."

"노인이 계속 늘어? 수명이 늘어서 그런가?"

"그것도 있지만 1960년대에서 1970년대에 태어난 분들이 워낙 많아서 그래요. 베이비부머 세대라고 하죠. 그분들이 지금 다 노인이 되었잖아요."

"그런가? 우리나라도 점점 나이가 드는군."

"요새 택배 다니다 보면 노인분들만 사시는 곳 많잖아요."

"그렇지. 한 서너 집에 하나는 노인분들만 계신 것 같더라고."

이야기를 하면서 천천히 걷는 사이 개를 데리고 온 이들이 둘을 지나치고, 둘은 또 더 천천히 걷는 노인들을 지나친다. 기사가 앞에 서고 배보가 뒤에 서서 걷는 와중에 서늘한 바람이 여리지만 계속 불고 있다.

"그런데 애들이 이렇게 계속 줄면 참 큰일이겠다. 한 10년 뒤에는 일할 사람이 없겠어."

"그렇죠. 아마 이민을 더 많이 받아야 할 거예요."

"지금도 꽤 늘었잖아. 그렇지 않아도 사람들 사이에선 외국인이 너무 많다고 불평이 많더라고. 할머니네도 그렇고."

"사람들이 하나만 알고 둘은 모르는군요. 이주노동자 아이들이 없으면 거기 초등학교는 이미 문을 닫았을걸요? 요새 시골 초등학교는 외국인 애들이 절반이 넘어요. 심한 곳은 외국인 열 명에 한국인 한두 명인 곳도 있고."

"그렇군."

"그래도 인공지능이 번역하고 통역하는 시스템이 잘 갖춰져서 다행이에요. 전에 뉴스 보니까 한 반에 국적이 여섯 개인 학교도 있다더라고요. 베트남, 태국, 필리핀, 한국, 우즈베키스탄, 러시아."

"아이고, 정말 인공지능 없었으면 서로 말도 안 통했겠군."

"그렇죠. 애들이 전부 한쪽 귀에 이어폰을 끼고 수업을 듣는대요. 선생님이 말씀하시면 이어폰이 자동으로 번역해서 알려주고. 선생님도 이어폰을 끼고 있어서 애들이 하는 말을 또 번역해서 듣고. 요새 중학교까지 학교에선 필수품이라더라고요."

"그렇군. 나 때는 수업시간에 이어폰 끼고 있으면 바로 압수였는데.”

“그래도 서울 같은 도시엔 한 반에 서너 명만 외국인이라 조금 수업하기가 낫대요. 그래서 선생님들도 다들 도시 학교에 가길 원한다고 해요.”

“아, 그래?”

“네. 그런데 같은 도시라도 편차가 심하다고 하더라고요. 서울 같은 경우도 구마다 달라요. 강남 쪽은 외국인이 한 반에 한두 명 이거나 없는 경우가 많고 여기 중랑구나 강북구 쪽엔 한 반에 대여섯 명인 곳도 있고.”

“아무래도 그렇겠지. 월세가 비싸니 이주노동자가 강남에 살긴 힘들겠지.”

“네. 그리고 일자리도 중랑구 같은 데가 더 많기도 하고요.”

걷다보니 해가 지고 데크에 조명이 들어온다. 제법 분위기가 생긴다. 호란하고 같이 걸으면 좋겠다.

“호란이랑 결혼해서 애를 낳으면 우리 애도 그렇게 학교에 다니겠군.”

“아이를 가질 생각이세요? 전엔 전혀 아닌 듯이 말하시더니?”

“아, 막상 결혼을 하려고 생각하니 그러네. 아직 호란이가 결심이 섰는지는 모르겠지만. 요샌 애 낳으면 이것저것 정부에서 해주는 게 많아서 경제적으론 큰 문제가 아닐 듯한데. 그래도 학원이랑 과외 같은 거 받게 하려면 부담이 되긴 하겠지. 둘이 벌면 애 한 명 정도는 괜찮을 것 같기도 하고. 흐흐 자꾸 욕심이 생겨."

"그렇네요. 저도 깜냥이도 주인이랑 호란 씨랑 같이 살면 어떤 모습일까 자꾸 상상이 돼요. 집도 옮기셔야죠. 최소한 방 두 칸은 돼야 하지 않겠어요?"

"그렇지? 방 하나는 나랑 호란이랑 쓰고, 다른 방은 너랑 깜냥이랑 쓰고."

생각만으로도 흐뭇해지는 기사다.

인구감소

지금, 인구감소와 교육 현장

출산율 저하로 학생 수가 감소하면서 학교 통폐합이 늘어나고 있습니다. 이런 현상은 초등학교에서 특히 심하지만 고등학교까지 전반적으로 나타나고 있어요.

초등학교의 경우, 신입생 수가 매년 큰 폭으로 감소하고 있습니다. 2010년 신입생 수는 47만 4600명이었는데 2022년에는 39만 3780명으로, 40만 명대가 무너졌습니다. 5년마다 4만 명씩 주는 실정이에요. 특히 수도권 및 도시로의 인구 유출로 더 빨리 학생 수가 줄고 있는 농어촌 지역은 학교마다 학생 수가 아주 적고, 문을 닫는 경우도 많습니다. 대략 지난 10년 동안 폐교된 초등학교가 300곳이 훌쩍 넘는데, 이 중 읍면 지역이 90%가 넘습니다. 읍면 지역 인구가 우리나라 전체의 30% 정도라는 걸 감안하면 굉장한 수치죠. 도시 지역은 학생 수가 어느 정도 갖추

133

어져 있어 폐교는 거의 없지만 대신 한 학년당 반 수가 줄거나 한 반 학생 수가 줄어들고 있습니다.

중학교도 초등학생 수 감소 여파로 학급 수가 크게 줄어들었습니다. 지난 10년 동안 7천 개가 넘는 학급이 사라졌어요. 특히 지방 중소도시에서는 중학교 통폐합이 활발하게 이루어지면서 교육 여건이 변화하고 있죠. 이 경우도 읍면 지역이 더 빠릅니다. 읍면 지역에선 11.4%의 학급이 사라졌고, 중소도시는 8.2%, 대도시는 4.8%의 학급이 사라졌습니다.

고등학교 역시 학생 수 감소로 인해 운영에 어려움을 겪고 있습니다. 농어촌이나 도서 벽지의 고등학교 중에는 존폐 위기에 놓인 곳도 적지 않습니다. 도시 지역에서도 고교 평준화 지역을 중심으로 학교 통폐합이 점차 확대되는 추세고요. 이런 결과 지난 10여 년간 농어촌 지역 중학교와 고등학교는 각각 100곳 가까이 폐교되었습니다.

폐교된 학교가 가장 많은 곳은 전라남도로 839곳이고, 그다음은 경상북도로 737곳, 경상남도 585곳, 강원도 479곳 순입니다. 반면 서울, 부산, 광주, 대구, 인천, 울산 등 광역시의 경우 폐교 학교가 100곳 넘는 경우가 아예 없습니다.

10년 후, 초등·중등 교육

2030년대 중후반, 저출산 여파로 교육 현장은 지금보다 더 큰 변화를 맞이할 것으로 보입니다. 초등학교부터 고등학교까지 학생 수가 급감하면서 학교 운영에 심각한 차질이 빚어질 수 있습니다.

초등학교 신입생 수는 2030년대에 20만 명 아래로 떨어질 전망인데, 이는 지금의 절반 수준에 불과한 규모죠. 중학교와 고등학교 학생 수도 학년당 20만 명 안팎까지 줄어들 것으로 예상합니다. 또 대학 입학생 수가 크게 감소하면서 많은 대학이 폐교 등 구조조정을 피할 수 없게 될 것입니다.

학생 수 감소로 인해 농어촌의 학교 통폐합은 더욱 빨라질 것입니다. 이로 인해 '통학 불가능 지역'이 늘어나 교육 기회의 불평등이 깊어질 우려가 크죠. 가령 우리나라 면 지역은 서울시 면적의 약 7분의 1 정도 됩니다. 광진구, 중랑구, 동대문구, 노원구를 합한 정도가 면 하나의 면적인 셈이지요. 이런 곳에 초등학교가 하나밖에 없게 되면 아침 등교부터 보통 문제가 아닙니다. 열댓 명 정도 되는 학생들 등교를 위해 통학버스가 넉 대 정도 필요하게 됩니다.

중학교의 경우 면 단위 중학교가 사라지면서 두세 개 면에 중학교 하나씩이 남게 되는데, 이런 경우 등하교가 굉장히 힘들어지고, 고등학교의 경우 군 단위에 하나씩 있게 될 수 있습니다. 물론 도시에서도 유휴遊休(쓰지 않고 놀림) 교육 시설이 대거 발생하면서 교육 인프라가 축소될 수밖에 없을 것으로 보입니다.

게다가 교원 1인당 학생 수가 지나치게 적어지면서 교육의 질마저 떨어질 가능성이 있습니다. 학교가 다양한 교과목과 프로그램을 제공하기 어려워지면 학생들의 선택권 또한 제한될 수밖에 없겠죠. 학생들이 통폐합 과정에서 겪는 적응 문제와 학습 공백도 간과할 수 없는 부분이고요.

지역 간 교육 격차도 더 벌어질 것으로 우려됩니다. 농어촌이나 도서 지역의 교육 여건은 더욱 열악해질 수밖에 없고, 소규모 학교에 다니는 학생들은 또래 관계 형성이나 사회성 발달에 제약을 받게 될 것입니다. 이는 지역 간 인재 양극화로 이어져 국가 균형 발전에도 악영향을 미칠 수 있습니다.

다가올 교육 대위기에 대처하기 위해 해야 할
가장 중요한 일은 무엇이라고 생각하나요?

이영식 후보

망우초등학교 담벼락에 선거공보가 붙었다. 중
랑갑 후보가 열 명이 넘는다. 저녁 산책을 하던
기사가 호기심이 동했는지 살펴본다. 기호 9번 이영식. 아는 사
람이다. 전에 같은 센터에서 상하차를 담당하던 사람들 중 유일
한 한국인이었다. 당명도 이채롭다. 비정규직당. 캐치프레이즈
도 당 이름과 다르지 않다. '모든 차별을 없애고 동일노동 동일임
금.'

같이 걷던 배보가 말한다.

"주인, 저 분 전에 본 적 있는데."

"그렇지. 센터에서 일하던 사람이지."

"네, 택배 보조 로봇 들어오면서 그만두셨죠."

"응, 한 1년 됐지. 그때는 서로 이야길 많이 하지 않아서 잘 몰

랐는데 저런 이였군. 당선 가능성이 있을까?"

"아마 없을걸요."

"그렇겠지?"

"네."

배보도 눈치가 늘었다. 내가 물어보는 게 아니란 걸 알고 단답형이다. 기호 1번 아니면 2번이 당선되겠지. 어차피 당선되려고 나온 것도 아니겠지.

그래도 혹시 하는 마음에 노조 대의원에게 카톡을 보낸다.

'노조에서는 이번에 누구 지지하기로 했어요?'

잠시 뒤 답톡이 왔다.

'아직 정하지 못했어요. 이번 주말에 온라인 대의원대회가 있는데 거기서도 결정하기 힘들 듯해요. 아마 결정 못할 수도 있을 거 같아요.'

'네, 감사합니다.'

이해가 간다.

문자가 왔다.

'이영식 후보가 참가하는 토론회가 내일 오후 8시에 TV-S에서 생방송됩니다. 생방송 이후에는 유튜브에서도 시청하실 수 있습니다.'

다음 날 저녁 기사는 이영식 후보 토론회를 본다. 원래 이런 거 잘 보는 편이 아니지만, 이번엔 아는 사람이 나오니까. 본격 토론에 들어가기 전 각 후보당 5분씩 모두 발언을 한다. 이영식 후보 차례가 돌아왔다.

저는 1년 전까지 한 택배회사 캠프에서 상하차 일을 했습니다. 아침 8시부터 저녁 8시까지 하루 열두 시간을 일했죠. 점심시간 한 시간을 제외하고 휴게시간은 한 시간 정도로, 법정 기준은 충족했습니다. 주요 업무는 트럭에서 택배 상자를 내려 분류한 후 배송 차량에 실어 보내는 것입니다. 자동화 설비가 도입되어 예전에 비해 일의 강도는 줄었지만 여전히 몸으로 버텨내야 할 일이 많았습니다.

저는 계약직이었습니다. 월급은 기본급과 각종 수당을 포함해 250만 원 정도였죠. 최저임금 이상을 받고, 4대 보험에도 가입되어 있었습니다. 다만 야간이나 휴일 근무가 잦고, 명절 때는 물량이 많아 장시간 근로를 해야 합니다.

회사에서는 정기적으로 안전교육을 실시하고, 작업 시 안전장비 착용을 의무화하고 있습니다. 그럼에도 불구하고 안전사고의 위험은 여전히 존재합니다. 무거운 물건을 다루다보니 근골격계 질환 발병률도 높은 편이고요. 물론 회사는 법에 정해진 규칙은 충실히 지켰습니다.

그러다 계약기간이 끝나고 해고되었습니다. 정확하게는 재계약에 실패한 거죠. 이유는 로봇이 제 일을 대신하기 시작했기 때문입니다. 그 뒤 저는 지금 계약직으로 한 요양원에서 일하고 있습니다. 주야 맞교대로 매일 아침 7시부터 저녁 7시까지 일하고, 그다음 주에는 저녁 7시부터 아침 7시까지 열두 시간 일합니다. 주 5일 근무하고, 월 2회 주말 근무를 합니다. 식사 보조, 목욕 및 배설 돌봄, 체위 변경, 투약 보조 등의 업무를 수행합니다. 보통 요양보호사 한 명이 7-8명의 어르신을 담당합니다. 점심시간은 한 시간이며, 그 외에 오전과 오후에 각각 30분씩 휴게시간이 주어집니다. 월급은 기본급과 각종 수당을 포함해 250만 원 정도입니다. 최저임금 이상을 받고 있고, 4대 보험에도 가입되어 있습니다. 법적으론 전혀 문제가 없습니다.

그러나 일은 육체적으로 힘들 뿐만 아니라 정신적으로도 소진됩니다. 치매 어르신들을 돌보는 일이 쉽지 않고, 가끔은 폭언이나 폭행을 당하기도 하죠. 요양원에서는 소진 방지 교육을 진행하고 있지만, 업무량을 줄이지 않는 한 근본적 해결책이 되지는 못합니다. 물론 현재 인원도 법적으로는 문제가 없습니다.

저는 제 일에 보람을 느낍니다. 어르신들의 건강과 안위를 책임진다는 사명감으로 버텨내고 있습니다. 다만 요양보호사의 처우 개선과 인력 충원이 필요하다고 생각합니다. 물론 앞서 말씀드린 것처럼 택배회사에서 상하차를 할 때도 지금 요양원에서 요양보조사를 할 때도 회사 측이 법에 걸릴 만한 일은 하지 않았습니다.

그래서 저는 이 자리에 나왔습니다. 법 규정을 준수해도 우리가, 비정규직이 이렇게 힘들게 일하고 제대로 대우를 받지 못한다면 그 법을 바꿔야겠다고요. 우리 비정규직당은 결코 비정규직이 완전히 없어져야 한다고 생각하지 않습니다. 다만 비정규직이라고 인생도 비정규면 안 된다는 것이죠. 계약직이라고 인생이 계약직이면 되겠습니까? 비정규직도 살 만한 삶을 누릴 수 있도록 법을 바꾸겠습니다.

노동자의 절반이 비정규직입니다. 절반이 불행한 나라가 제대로 된 나라겠습니까? 계약직, 특수형태근로종사자, 무기계약직이 제대로 된 대우를 받을 수 있도록 나라를 바꾸겠습니다.

이영식 후보의 모두 발언이 끝나자 기사는 채널을 돌렸다. 아니 저렇게 힘들게 살면서 뭔 오지랖으로 또 저렇게 나서는 거야? 어차피 당선되지 못한다는 건 자기도 잘 알면서 말이다. 상하차 노동자들을 모두 재계약하지 않겠다고 캠프장이 말하던 날, 한마디 항의도 못하고 물러난 그들의 무표정한 얼굴이 떠올랐다. 택배회사 계약직을 관두고 찾은 일자리가 요양보호사, 또 계약직이다. 인생이 정말 계약직이군. 괜히 서글펐다.

비정규직 문제

지금, 우리나라 비정규직 현황

2023년 기준 우리나라 비정규직 노동자는 약 790만 명으로, 전체 노동자의 36.3%를 차지합니다. 여기에 무기계약직을 비정규직에 포함하면 약 40.5%가 되죠. 여기에 빠진 사람들이 또 있습니다. 특수형태근로종사자란 어려운 이름을 가진 사람들입니다. 배달노동자, 택배기사, 보험설계사, 학습지 교사 등이 해당됩니다. 이들을 포함하면 비정규직은 전체 노동자의 46.5%로 거의 절반에 가깝습니다.

무기계약직과 특수형태근로종사자를 제외하고 통계를 살펴볼게요. 이들까지 포함한 통계는 아직 정확하지 않습니다. 성별 분포를 보면 남성의 비정규직 비율은 31.3%고 여성은 41.8%로 여성 비정규직 비율이 상대적으로 높습니다. 연령대별 분포를 보면 15-29세 청년층 비정규직 비율이 28.2%로 가장 낮고, 60세 이상은 68%로 가장 높습니다.

정규직과 비정규직의 여러 차이를 비교하면 다음과 같습니다.

임금 수준(2022년 8월 기준, 고용노동부)

● 정규직 월평균 임금: 387만 원

● 비정규직 월평균 임금: 205만 원(정규직 대비 53% 수준)

산업재해율(2021년 기준, 고용노동부)

● 전체 산업재해율: 0.69%

● 정규직 산업재해율: 0.52%

● 비정규직 산업재해율: 1.07%(정규직 대비 약 2배)

국민연금 가입률(2021년 8월 기준, 국민연금공단)

● 정규직: 83.3%

● 비정규직: 37.4%

건강보험 직장가입률(2021년 기준, 국민건강보험공단)

● 정규직: 87.4%

● 비정규직: 43.5%

주 40시간 초과 근로 비율(2022년 8월 기준, 고용노동부)

● 정규직: 11.8%

● 비정규직: 16.6%

10년 후, 어떻게 변할까?

노동시장의 이중구조가 고착화될 것입니다. 이것은 정규직·비정규직 근로자 간 격차가 지속적으로 확대되고, 이러한 격차가 줄어들 기미가 보이지 않는다는 거죠. 이는 임금, 고용안정성, 복지 및 권리, 이동성 등 다양한 측면에서 나타납니다.

우선 정규직과 비정규직 간의 임금 차이가 커져 비정규직 근로자의 삶의 질을 저하시키고, 소득 불평등을 심화시킵니다. 또 정규직은 상대적으로 높은 고용안정성을 보장받는 반면 비정규직은 고용 불안정에 지속적으로 노출되어 장기적으로 경력을 개발하기 어렵고 역량을 향상시키기도 힘듭니다.

복지 및 권리 측면에서도 정규직과 비정규직 간에는 큰 차이가 존재합니다. 정규직은 다양한 복지 혜택과 노동조합의 보호를 받지만, 비정규직은 이런 혜택과 권리에서 배제되는 경우가 많아 사회적 보호의 사각지대에 놓이게 됩니다.

이동성 제한도 노동시장 이중구조의 고착화를 심화시키는 요인입니다. 비정규직에서 정규직으로의 이동이 제한되면서, 한번 비정규직으로 일하기 시작하면 평생 비정규직을 벗어나기 어려워집니다.

결과적으로 노동시장 이중구조 고착화는 사회 양극화를 심화시키는 주요 원인으로 작용합니다. 정규직과 비정규직 간 격차가 확대되면서 사회경제적 불평등이 깊어지고 사회 통합이 어려워질 수 있습니다.

노동시장 이중구조 고착화를 해소하기 위해서는 비정규직 근로자 스

스로의 주체적 노력이 무엇보다 중요합니다. 비정규직 근로자들은 자신의 권리를 적극적으로 주장하고, 연대를 통해 집단적 힘을 키워나가야 합니다. 이를 통해 처우 개선과 차별 해소를 위한 사회적 압력을 만들어내고, 고용안정성을 확보해나가는 노력이 필요할 것입니다.

10년 뒤 여러분이 사회로 나갈 때
이런 노동시장의 이중구조가 고착화되면
곤란하겠죠. 어떤 해결책이 있을까요?

12장

빈집과 반지하

할머니가 문자를 보내셨다. 정확히 말하면, 할머니와 같이 사는 반려로봇이 보낸 문자다.

'시간 날 때 전화해.'

택배를 마치고 돌아가면서 전화를 건다.

"할머니 왜요?"

"급하기도 하지. 그, 저, 내가 전에 살던 집 말이야."

"예."

"그거 빈집이라서 처리해야 한다고, 면 직원이 왔어."

"처리요? 어떤 처리를 말하는 거죠?"

"그 집 옆 밭이랑 논은 여기 농업공사에 임대를 줬어. 너도 알지?"

"예."

"그런데 집은 아무도 들어가서 살려고 하질 않아. 워낙 멀기도 하고, 주변에 사는 이들도 별로 없고."

"그렇겠죠."

"그런 빈집을 그냥 놔두면 보기에도 좋지 않고, 치안 문제도 있고, 또 뭐라 하면서 세 가지 방법이 있대. 하나는 정부에 파는 거야. 땅이랑 집이랑 모두. 워낙 시골이고 외져서 돈은 얼마 되지 않지만 그럼 정부가 알아서 한다는 거지. 두 번째는 집을 철거하고 땅은 그냥 가지고 있는 거. 철거 비용을 면에서 반은 부담한다고 하더라. 세 번째는 거기 살 사람을 직접 구하라는 거야. 그럼 집 고치는 비용을 면에서 부담하겠다고."

사실 방법은 하나다. 그냥 정부에 파는 거. 하지만 50여 년을 산 집을 그렇게 파는 게 할머니는 못내 아쉬운 것이다. 논이며 밭이야 임대해준 것이니 남이 농사를 지어도 내 땅이라 여길 수 있지만, 집은 넘기면 완전 끝이다. 할머니 말투에서 그게 느껴진다.

"할머니, 아쉬워하시는 건 알겠는데 아무도 살지 않는 집을 가지고 있으면 뭐 하겠어요. 그냥 넘기는 게 낫지 않을까?"

"아무래도 그렇겠지."

"네."

"그래도 좀 그러네. 너희 증조할아버지 때 악착같이 돈 모아서 땅 사서 집도 반은 직접 지은 건데. 내 대에서 그냥 넘기는 게 걸리긴 해."

"그러실 거예요. 그렇다고 그 집이 문화재가 될 것도 아니고."

"여긴 집을 못 구해서 야단인데 저긴 집이 남아도네."

"아니에요, 주인. 서울에도 빈집이 꽤 많아요."

"그래? 그건 처음 듣는 얘긴데?"

"서울도 지금 10년 동안 계속 인구가 줄고 있어요. 거기다 요샌 1인 가구랑 2인 가구가 많잖아요."

"그렇지."

"그래서 평수가 큰 집은 들어가 살려는 사람이 별로 없어요."

"그래?"

"혼자 사는데 방 네 개짜리 집이 뭔 필요가 있겠어요? 관리비만 많이 들고. 또 요새 전세도 아니고 월세가 대부분이잖아요. 큰 집은 세도 비싸고."

"하긴 그러네."

"새로 지은 작은 평수 아파트야 늘 수요가 있지만 오래된 큰 평수 아파트 중에는 빈집이 꽤 있다더라고요."

"그럼 세를 싸게 해서 내놓는 게 집주인 입장에서도 이익 아니야?"

"그런데 그렇지 않나봐요. 일단 오래된 아파트들은 재건축을 목표로 가지고 있는 경우가 많아요. 집주인들이 나름 재산도 있고 수입도 있는 사람들이라 당장 월세 좀 덜 받는다고 쪼들리진 않죠. 몇 년 가지고 있다가 재건축하면 그때 제값 받고 파는 게 낫다고 생각하는 거죠. 거기다 월세를 낮춰서 소득 수준이 낮은 사람들이 들어와 살면 혹시라도 집값이 떨어질 수 있다고 생각하나봐요."

"지랄이 풍년이군."

카페에서 호란과 한참 돈 계산 중이다. 이런 계산은 아무래도 호란이 훨씬 잘한다. 아이스 아메리카노를 한 모금 마시고 호란이 다시 정리한다.

"너랑 나랑 버는 돈이 합해서 600만 원 정도네. 같이 살면 생활비랑 이것저것 합해서 400 정도 나가니 한 달에 200은 모을 수 있겠어. 1년이면 2400만 원. 10년이면 2억 4천만 원."

"응."

"지금까지 내가 모은 게 4천만 원이야. 너랑 나랑 보증금 합하면 3천만 원. 신혼부부 주택 구입 대출을 받더라도 집을 사긴 힘들겠어. 만약 집을 산다 하더라도 은행 대출을 받아야 하는데 대출금액이 크면 이자랑 원금 갚는 부담이 너무 커."

"어, 그렇군."

"일단 신혼부부 희망임대주택 신청해보자. 거기 월세가 한 달에 20만 원밖에 안 한다더라."

"20만 원이면 많이 싸네."

"그런데 거긴 10년이 만기야. 10년 뒤에는 나가야 해."

"10년이면 신혼이 아니란 건가?"

"열심히 모으면 10년 뒤엔 빌라 하나는 장만할 수 있어. 매달 200만 원씩 모으면 10년 뒤엔 대략 보증금이랑 합해서 3억 정도 되니 한 1억 대출 받으면 빌라 하나 살 수 있을 거야."

"어."

기사는 그냥 응, 응 거리며 듣는 게 최선이다.

"그런데 그러려면 애는 10년 뒤에 가지는 게 좋겠어."

"10년 뒤라면 거의 40이 가까워지는데."

"애 낳으면 일단 내가 1년은 쉬어야 해. 거기다 애한테 들어갈 돈 생각하면 3억까지 모으긴 힘들지. 그럼 대출을 한 2억 받아야 한다고. 대출이 1억 늘면 매달 원리금 갚는 것도 꽤 많아."

"그런가? 아이 낳으면 정부에서 10년 동안 매달 50만 원씩 준다고 배보가 그러던데."

"아무리 정부 지원이 있다고 해도 어린이집 보내고, 옷도 사 입혀야 하고, 장난감도 사주고, 애 먹을 것도 준비해야 하고. 거기다 너나 나나 애 키우면서 지금처럼 일하긴 힘들어."

"하긴 그렇네."

"어쩔 수 없어. 우리 둘 다 부모 덕 보기 힘든 사정이니."

"그럼 애를 아예 안 가지는 건 어때?"

"그것도 생각은 하고 있어. 애가 없으면 돈도 확실히 적게 들어가니까. 너랑 나랑 꾸준히 모으면 환갑이 될 때쯤이면 아파트 한 채 정도는 빚 없이 가지고 있을 수 있을 거야. 국민연금 들어가는 걸로 노후도 크게 걱정 없을 것 같고."

"애는 어차피 낳아도 당장은 아니니 천천히 생각하자."

아이 생각을 하니 갑자기 할머니 생각이 난다. 말씀은 하지 않으셨지만 저번에 호란을 한 번 만난 뒤 눈치가 보인다. 할머니 생전에 아기를 보여드리고 싶다는 생각도 들고.

"참, 할머니가 시골집 정부에 판다고 하셨어. 나 결혼할 때 그 돈 주겠다고 하셨는데, 내가 괜히 미안해서 그러지 마시라고 했어."

"잘했어. 할머니 돌아가실 때까지 돈 얘긴 하지 말자. 괜히 마음만 심란하실 거야."

"그렇지 않아도 할머니 꽤 아쉬워하시더라."

"아마 그 집 팔면 이제 더 이상 돌아갈 곳이 없다는 마음도 있으실 거야. 공동주택이 아무리 시설이 좋고 사람들이 잘 봐준다고 하더라도 아마 당신 집처럼 느껴지진 않으실 테니."

"그렇기도 하겠군. 난 그 생각은 못했네."

"그 집으로 다시 돌아갈 일이 없다고 하더라도 돌아갈 곳이 있다는 것만으로도 위안이 되기도 하니까."

"그렇지."

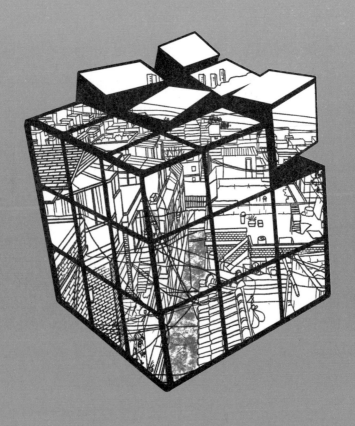

주거 문제

지금, 주거 문제

최근 지방과 도심 지역 간 주거 불균형 문제가 심화되고 있습니다. 지방에서는 인구감소와 고령화로 인해 빈집이 늘어나는 반면, 도심에서는 주거비용 상승과 주택공급 부족으로 인해 저소득층의 주거 문제가 심각해지고 있습니다.

지방의 빈집 증가 현황

● 2000년 약 55만 호였던 전국 빈집 수는 2020년 약 140만 호로 2.5배 이상 증가했다.

● 2020년 기준 전국 빈집 중 약 58%가 지방에 분포되어 있으며, 특히 전라남도(11.4%), 경상북도(10.7%) 등에서 빈집 비율이 높게 나타났다.

● 농어촌 지역의 빈집 비율은 2015년 10.8%에서 2020년 12.5%로 증가했다.

도심 저소득층의 주거 문제

● 2020년 기준 최저주거기준에 미달하는 가구 비율은 5.6%로, 2015년 5.3%에 비해 소폭 증가했다.

● 2020년 기준 서울의 중위 주택 가격은 6억 원으로, 2015년 4억 원에 비해 50% 상승했다.

● 서울의 평균 전세가격은 2015년 2.4억 원에서 2020년 3.7억 원으로 54% 상승했다.

● 2020년 기준 서울 1인 가구의 월 평균 주거비는 58만 원으로, 2015년 50만 원에 비해 16% 증가했다.

● 월 주거비가 소득의 30%를 넘으면 주거비 과부담 가구라고 한다. 서울의 경우 월세를 내는 가구의 24.8%가 주거비 과부담 가구다. 즉 네 가구 중 한 가구꼴로 주거비가 생활에 상당한 부담을 주는 상황이다.

● 고시원에 사는 이들이 30만 명이 넘고, 일터의 일부 공간 즉 공장이나 사무실의 일부 공간이나 비닐하우스, 농막, 컨테이너 등에 사는 이들도 30만 명 정도 된다. 여인숙이나 여관에 사는 이들도 3만 명이 넘는다.

● 전세로 사는 사람들은 줄어들고 월세로 사는 이들은 점점 늘어나고 있다. 서울의 경우 2010년 25.2%에서 2020년 31.6%로 증가.

전세는 보증금만 내고 월세를 내지 않으니 상대적으로 주거비 부담이 적지만, 월세를 내면 매달 일정 금액이 나가서 주거비 부담이 커진다.

이런 수치는 지방과 도심 간 주거 불균형이 심화되고 있음을 보여줍니다. 지방의 빈집 증가와 도심 주거비용 상승은 저소득층의 주거 불안정성을 더욱 악화시킵니다.

10년 후, 주거 문제

현재 추세를 고려할 때, 10년 후에는 지방과 도심 간 주거 불균형 문제가 더욱 악화될 것입니다. 출산율 저하, 1인 가구 증가, 인구의 수도권 집중, 소득 불평등 심화 등이 그 이유입니다.

지방의 빈집 증가 전망

- 2020년 약 140만 호인 전국 빈집 수는 2030년 약 230만 호로 두 배 가까이 증가할 것으로 예상된다.
- 농어촌 지역 빈집 비율은 2020년 12.5%에서 2030년 약 18%까지 상승할 것으로 전망. 다섯 집 중 한 집은 빈집이 된다.
- 지방 인구는 2023년 전체 인구의 49.4%인데, 2030년에는 더 줄어들어 48.5%가 된다. 2030년 수도권 인구는 18만 명 줄어들지만 지방은 그 다섯 배인 107만 명 감소하기 때문이다.

광역시 하나가 통째로 사라지는 셈.

● 읍면 인구는 2020년 기준 711만 명인데, 2030년 679만 명으로 32만 명 정도 줄어들 전망이다.

도심 저소득층의 주거 문제 전망

● 2020년 5.6%인 최저주거기준 미달 가구 비율은 2030년 약 7%까지 상승할 것으로 예상된다.

● 서울의 중위 주택 가격은 2020년 6억 원에서 2030년 약 9억 원으로 50% 이상 상승할 것으로 보이며, 저소득층이 자기 집을 마련하기 더욱 어려워질 것이다.

● 서울의 1인 가구 비율은 2020년 33.4%에서 2030년 약 40%까지 증가할 것으로 예측되며, 이는 소형 주택 수요를 키울 것이다.

● 수도권 인구는 2023년 2602만 명에서 2030년 2584만 명으로 줄어들지만, 1인 가구와 2인 가구가 늘면서 전체 가구 수는 늘어날 전망이다.

● 월세를 내는 가구도 현재 30% 수준에서 35% 수준으로 올라갈 것이다.

● 이에 따라 소득 대비 월 주거비가 30% 넘는 주거비 과부담 가구도 서울의 경우 현재 17% 수준에서 2030년대 중반에는 20%로 더 많아진다. 다섯 집 중 한 집이 주거비가 부담이 되는 상황이 예상된다.

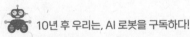

지방의 빈집들로 인해 생기는 문제에는 어떤 것이 있을까요? 또 수도권 특히 서울의 주거빈곤 문제를 해결하기 위해서는 어떤 대책이 필요할까요?

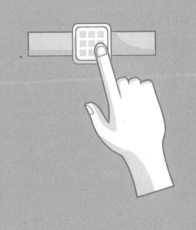

13장

구독이 힘들어!

같은 캠프의 성식이가 파산을 선언했다. 반쯤 농담이지만 반은 사실일 거다.

"구독이 날 파산하게 만들 거야. 내가 매달 내는 걸 리스트로 만들었는데 한번 봐봐."

굳이 휴대전화를 들이민다.

'로봇 구독료 월 30만 원, 택배 트럭 구독료 월 60만 원, 월세 50만 원, TV·냉장고·로봇청소기·의류관리기·에어컨·컴퓨터 합해서 구독료 60만 원, 식당 밥값 80만 원...'

많긴 하다. 하지만 내가 아는 사실은 다르다. 성식이는 '토르 앤 발키리'란 게임에 푹 빠졌다. 일 끝나면 집에서 게임만 하는 놈이다. 전에 듣기로 '현질'만 한 달에 100만 원은 한다고.

성실이 반박한다.

"한 달 100만 원은 많은 게 아냐. 핵과금러는 한 달에 수백도 쓴다고. 그리고 요샌 좀 줄이려고 노력 중이고."

"그래, 너 한 달에 얼마나 번다고 100만 원씩 쓰냐."

"내가 그것 말고 하는 게 뭐 있냐. 내 유일한 낙이 게임인데."

"차라리 게임 할 시간에 집에서 직접 밥을 해라. 80만 원이면 아이고. 게다가 원룸인데 로봇청소긴 또 뭐야? 싸구려 로봇청소기 한 30만 원이면 하나 사던데."

친하기도 하고 또 불만도 있어 원래 남 일에 간섭 안 하는 기사가 연달아 말한다.

"거기다 의류관리기라, 맨날 작업복 입고 다니면서. 게임 안 하면 컴퓨터도 더 싼 걸로 바꿀 수 있겠네. 그것들만 줄여도 한 달에 최소 200만 원 남겠다. 1년이면 2400만 원, 10년이면 2억 4천!"

"말은 맞는데 그게 그게 아냐. 아무리 작업복이라도 땀 냄새 나면 그렇잖아. 그러니 의류관리기가 필요하다고. 요샌 애들 교복도 거기에 넣더라. 게다가 피곤한데 집에 와서 밥하고 싶냐. 그냥 식당에서 사 먹고 말지. 그리고 말했잖아, 내 유일한 낙이 게임이라고. 지금 집 컴퓨터도 게임 돌아가는 최소 사양이야. 딴 애들은 컴퓨터 구독료만 월 30만 원씩 써."

"요새 택배 배달하면서 사람 안 만나잖아. 서로 얼굴 부딪칠 일도 없는데 무슨 작업복에 의류관리기야. 그리고 간편식 사서 냉

동실에 쟁여놓으면 돼. 전자레인지에 5분이면 뚝딱! 뚝딱 몰라?
너, 줄여야 한다. 우리 나이가 벌써 30대 중반이야. 지금부터 알
뜰살뜰 모아야 늙어서 후회 안 한다, 너."

성식이가 피식 웃는다.

"너, 호란 씨 만나더니 엄청 살뜰하게 구네."

"나 원래 살뜰한 사람이거든."

"흐흐 그렇지 않아도 고민이 많다. 게임을 바꿔볼까 생각 중이
야."

"안 하는 게 아니라 바꾼다고?"

"말했잖아, 게임이 내 유일한 낙이라고. 게임에 집중할 때가 제
일 즐거워. 그러니 게임을 안 할 수는 없지. 대신 구독형으로 바꿀
까 하고."

"구독형?"

"응. 지금 하는 건 아이템을 사고 그 아이템으로 또 뭘 맞추고
하는 건데, 이게 확률이 거지 같아서 한 번에 몇만 원씩 쓰는 건
우스워. 그걸 하루에 몇 번씩 하면 한 달 몇백도 나오지. 그래서
월에 한 10만 원 내면 깔끔하게 진행할 수 있는 게임으로 바꿀까
하는 거지. 그럼 거기서만 최소 90만 원 이상 절약되잖아."

"뭐 나야 게임을 잘 모르지만 그 정도라면 훨씬 낫긴 하겠군."

"그런데 그거 하려면 또 헤드셋을 구독해야 돼. 그거 구독료도

한 달에 5만 원."

"아이고, 구독하려고 일을 하는군."

"내가 호란 씨 만나서 살뜰해졌다지 뭐야? 나야 원래 살뜰한 사람인데 말야."

"호호. 성식 씨가 잘 봤네."

"그런데 그렇게 구독하는 게 많은지는 처음 알았어."

"나도 이것저것 구독 꽤 많이 해. 화장품도 구독하고 옷도 구독하고."

"화장품도 구독한다고? 옷도?"

"그럼. 화장품도 계절마다 바꿔줘야 해. 그럼 여름 게 남으면 내년에 그걸 또 써야 하잖아. 영 찝찝하지. 옷도 그래. 여름옷, 겨울옷 다 다른데 그걸 일일이 사는 것도 그렇고, 또 보관하기도 그렇잖아 원룸인데. 거기다 유행도 변하니까. 이번 여름에는 로우 웨이스트 와이드 팬츠가 유행인데 내년에는 또 바뀔 수 있거든."

"로우 웨이스트 와이드 팬츠는 또 뭐야?"

"지금 입고 있는 거."

"대단하군. 그런데 옷이야 깨끗하게 세탁하면 그렇다 치고 화장품은 남이 쓰던 거 쓰면 좀 그렇잖아?"

"그래서 요새 화장품은 직접 손에 닿는 부분이 없어. 다 스프레이식으로 뿌리거나 일회용으로 나오지. 거기다 내 피부 패턴에 맞춰줘. 인공지능이 그런 면에서도 대단하더라고."

"참 놀랍군. 도대체 구독이 안 되는 거가 뭐야?"

"우리 의원도 마찬가지야. 온갖 설비들 있지?"

"그렇지."

"요새 의료 장비들이 얼마나 비싼지 그거 다 사려면 10억을 줘도 모자라. 그게 싹 다 구독하는 거야."

"그래?"

"그럼. 원장 말로는 장비 구독료로 한 달에 1억 가까이 나간다고 하더라고."

"그렇게나?"

"그래도 그게 이익이야. 매달 한 번씩 정기점검도 해주고 고장 나면 바로 달려오고. 또 한 2년마다 최신 장비로 교체도 해줘."

"호."

"요새 식당도 구독하는 거 알아?"

"식대?"

"아니. 식당들도 설비를 구독한다고. 계절에 맞춰서 의자며 탁자도 교체해주고, 테이블 오더도 구독하는걸. 요리 로봇이랑 서빙 로봇도 다 구독이고. 하다못해 벽에 걸린 그림도 구독이야."

"우와, 호란, 완전 대단하군. 어떻게 그렇게 다 알아?"

"응. 경제 돌아가는 걸 좀 알고 싶어서 출근 시간에 30분짜리 시사 상식 오디오 프로그램을 구독하거든."

"완전히 웰컴 투 구독 월드군."

"그러게 말야. 이참에 애인도 구독이 안 되나? 계절마다 바꾸거나 싫증 나면 바꾸게."

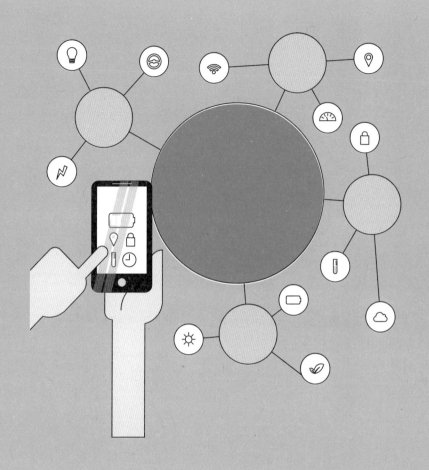

구독경제

지금, 구독경제

구독경제는 최근 급속히 성장하고 있습니다. 그 현황과 영향을 살펴보면 다음과 같습니다.

구독경제의 급성장

● 구독경제 시장 규모는 2020년 약 4조 원에서 불과 2년 뒤인 2022년 약 6조 원으로 50% 이상 성장했다. 구독 서비스 이용자도 2020년 1500만 명에서 2022년 약 2천만 명으로 500만 명 증가.

● 전 세계적으로도 2020년 580조 원에서 2022년 750조 원 규모로 증가했다. 주로 동영상 서비스와 음원, 게임 등이 전체의 50%를 차지한다. 그다음이 소프트웨어와 클라우드 서비스가 20%를 차지하며, 온라인 쇼핑 및 렌탈 서비스가 15%를 차지한다.

 10년 후 우리는, AI 로봇을 구독하다!

- 다양한 영역에서 구독 상품이 늘어나고 있다. 반려동물용품 구독, 명품 대여 구독, 어린이 활동 구독, 자동차 구독, 종합생활구독 서비스, 화장품 구독, 의류 구독 등 이전에는 생각도 못한 제품들의 구독이 가능해졌다.

기업의 이점

- 안정적이고 예측 가능한 수익을 확보할 수 있다.
- 고객 데이터 확보를 통해 맞춤형 서비스 제공이 가능하다.
- 장기적 고객 관계 구축과 브랜드 로열티 제고에 유리하다.

소비자 혜택

- 지속적인 서비스 이용으로 시간과 비용을 절약할 수 있다.
- 최신 상품과 서비스를 꾸준히 제공받을 수 있다.
- 상품 선택에 드는 노력과 시간이 필요 없다.
- 자신에게 맞춘 제품을 쓸 수 있다.

사회적 문제

- 소득 양극화로 인해 구독 서비스 이용에 격차가 발생할 수 있다.
- 장기 구독에 대한 부담으로 경제적 어려움을 겪을 수 있다.
- 복잡한 해지 절차, 자동 결제 등으로 인한 소비자 피해가 증가할 수 있다.
- 특정 플랫폼에 대한 의존도 심화는 시장 독과점 우려를 낳는다.

10년 후, 구독경제

현재 추세가 유지된다면 2030년대 중반의 구독경제는 어떻게 변화할까요?

시장 규모의 폭발적 성장

● 2030년대 중반 글로벌 구독경제 시장은 약 2조 달러(약 2400조 원)에 이를 것으로 추정된다. 이는 현재 규모의 세 배 이상으로, GDP 대비 비중도 크게 높아질 전망이다.

● 성장을 주도하는 핵심 분야는 모빌리티(자율주행 자동차 구독 등), 헬스케어(맞춤형 건강관리 서비스 등), 교육(에듀테크 플랫폼 구독 등), 메타버스(가상세계 콘텐츠 구독) 등이 꼽힌다.

구독의 일상화와 전 영역 확산

● 소비자들은 일상적 제품과 서비스를 소유하기보다 구독하는 것이 더 편리하고 합리적이라고 인식하게 될 것이다. 집, 자동차, 가전, 의류, 식료품은 물론 금융, 의료, 교육 서비스까지 구독 방식이 보편화될 전망이다.

● 기업도 제품 판매보다 서비스 구독에 무게중심을 두면서 비즈니스 모델을 전환할 것이다. 예컨대 자동차 제조사는 차량 판매 대신 자율주행 모빌리티 구독을 주력으로 삼을 수 있다.

빅데이터 기반 초개인화 서비스 진화

● 방대한 고객 데이터 축적과 AI 분석기술 발달로 구독 서비스의 개인화 수준이 극대화될 것이다. 소비자 개개인의 특성과 필요에 맞춘 맞춤형 상품 추천, 동적 가격 책정, 선제적 고객 관리 등이 구현될 전망이다.

● 이는 고객 만족도와 충성도를 높여 기업의 브랜드 파워와 수익성 제고로 이어질 수 있다. 반면 데이터 활용을 둘러싼 프라이버시 이슈도 부각할 것이다.

구독 간 결합과 통합 플랫폼 등장

● 개별 구독 서비스를 넘어 다양한 분야의 구독을 묶어서 통합 제공하는 통합 구독 서비스Subscription as a Service, SaaS 방식이 활성화될 전망이다. 이를 통해 소비자는 한 번의 가입으로 일상에 필요한 대부분의 서비스를 이용할 수 있게 된다.

● 아마존 프라임이 쇼핑, 동영상, 음악, 클라우드 등 다양한 구독 혜택을 제공하는 것이 대표적 사례다. 구독 통합 플랫폼을 선점하기 위한 빅테크 기업 간 경쟁이 치열해질 것으로 예상된다.

사회 양극화 심화

● 소득 수준에 따라 구독할 수 있는 서비스 종류와 질에 차이가 발생한다.

● 기본적 의식주 영역마저 구독 모델로 전환되면서 저소득층의 삶의

질이 하락할 수 있다.

- 교육과 의료 등 필수 서비스마저 구독 형태로 제공되면서 접근성 격차가 확대된다.
- 구독료 연체 시 필수 서비스마저 중단되는 '구독 채무' 문제가 발생할 가능성이 있다.

데이터 자본주의 심화

- 개인의 구독 이력과 사용 패턴 등 방대한 데이터가 플랫폼 기업에 집중된다.
- 데이터를 바탕으로 한 타겟 마케팅, 차별적 가격 책정 등으로 소비자 선택권이 침해당할 우려가 있다.
- 구독 서비스 간 데이터 결합, 제3자 제공 등으로 개인정보 유출 위험이 증가한다.
- 특정 기업이 데이터를 독점함으로써 시장 지배력을 강화하고 새로운 독과점을 형성할 수 있다.

새로운 규제와 정책 필요성 증대

- 과도한 구독 유도를 막기 위한 규제 강화(자동결제 동의 절차 강화, 쉬운 해지 보장 등)가 필요하다.
- 데이터 활용의 투명성 제고와 개인정보보호를 위한 법적 장치를 마련해야 한다.
- 구독 서비스 시장에서의 공정경쟁 환경을 조성하기 위해 규제 체계를

정비해야 한다.

● 구독 서비스에 대한 보편적 접근권 보장을 위한 바우처 지급 및 요금
보조 등 정책 지원이 필요하다.

구독경제가 활짝 펼쳐질 미래, 여러분이 가장 원하는
구독 서비스는 무엇입니까? 그리고 구독경제의
가장 큰 문제는 무엇일까요?

지속가능한 세상을 위한 청소년 시리즈 11

10년 후 우리는, AI 로봇을 구독하다!
: 일상의 미래

초판 1쇄	2025년 1월 22일
지은이	박재용
편집	김영미
디자인	design KAZ
제작	공간
펴낸곳	이상북스
출판등록	제313-2009-7호(2009년 1월 13일)
주소	10546 경기도 고양시 덕양구 향기로 30, 106-1004
전화번호	02-6082-2562
팩스	02-3144-2562
이메일	klaff@hanmail.net
ISBN	979-11-94144-06-9 43300

* 이 도서는 2024년 문화체육관광부의 '중소출판사 도약 부문 제작 지원' 사업의 지원을 받아
  제작되었습니다.